André Liebe · Monika Uhl

Bayerns Klöster und ihre Brauereien

Hrsg. Private Brauereien Bayern e.V.

Inhalt

Private Brauereien
Bayern

Faszinierende Reise durch Bayern

Liebe Leser,

beinahe 1000 Jahre ist es her, dass erstmals in einem bayerischen Kloster Bier gebraut wurde. Ein unvorstellbar langer Zeitraum, der aber eindrucksvoll belegt, wie sehr diese beiden Kulturgüter – Klöster und Bier – die Geschichte Bayerns geprägt haben und dies noch immer tun.
Im Mittelalter waren die Klöster vielfach die einzigen Stätten, an denen regelmäßig gebraut wurde. Zunächst zum Eigenbedarf, schon bald aber auch, um erst die Pilger und später dann das übrige Volk mit Bier zu versorgen.

Die Klöster dürfen zu Recht stolz auf diese lange Tradition sein. Durch die Säkularisation von 1802/03 erlitt aber auch das klösterliche Brauwesen einen schweren Rückschlag. Von den ehemals 300 Klosterbrauereien konnten nur wenige an die alte Brautradition wieder anknüpfen. Alleine schon deshalb ist eine bayerische Klosterbrauerei etwas Besonderes: ein Ort, an dem Spiritualität, Historie, Kunstgeschichte und die Freude am Genuss eine unvergleichliche Symbiose eingehen.

Eine Reise zu den bayerischen Klosterbrauereien ist ein großes Erlebnis:
Man entdeckt Orte, die meist nicht auf den klassischen Touristenpfaden liegen. Man wird von faszinierender Architektur und sakralen Kunstschätzen verzaubert und erlebt überall eine Gastfreundschaft, um die uns Bayern die ganze Welt beneidet.

Und natürlich wird man überall mit Bierspezialitäten verwöhnt, die nicht nur von herausragender Qualität, sondern immer auch von der Individualität der Braumeister geprägt sind.

Dass die bayerischen Klosterbrauereien gemeinsam an einem Strang ziehen können, haben sie im Jahr 2016 im Rahmen der in Aldersbach gezeigten Bayerischen Landesausstellung „Bier in Bayern" anlässlich des 500-jährigen Bestehens des Reinheitsgebotes eindrucksvoll bewiesen:
Jede Brauerei stellte ihr Brauwasser zur Verfügung. Daraus wurden dann zwei außergewöhnliche Biere im Stile der mittelalterlichen Klosterbrautradition hergestellt – das Konvent- und das Pfortenbier.

Auch deshalb sind die Klosterbrauereien einzigartige Botschafter Bayerns:
Sie bewahren eine 1000-jährige Tradition, arbeiten aber auch mit großer Innovationskraft und -freude an der Zukunft.

Wer sich auf den Weg zu den bayerischen Klöstern und ihren Brauereien begibt, wird deshalb immer reich belohnt.

Oliver Dawid
Geschäftsführer
Private Brauereien Bayern e.V.

Geschichte der Kloster-brauereien in Bayern

Ein kulturhistorischer Streifzug
von Prof. Dr. Dr. Reinhard Heydenreuter

Geschichte der Klosterbrauereien in Bayern

Mit dem Begriff Klosterbrauerei verbinden und verbanden die meisten Freunde des Gerstensaftes die Vorstellung von Solidität und hoher Braukunst, aber auch ein gewisses Heimat- und Geborgenheitsgefühl. Wie wäre es sonst möglich, dass Bilder, die auf die klösterliche Braukunst verweisen, seit dem 19. Jahrhundert ein beliebter Wohnungsschmuck waren, und wie wäre es sonst möglich, dass der biertrinkende Mönch zu einer Werbeikone für Brauereien wurde? Genannt seien in diesem Zusammenhang die tausendfach gedruckten Genrebilder des in München wirkenden Malers Eduard Ritter von Grützner (1846–1925), die vor allem wohlbeleibte Mönche im Bierkeller zeigten. Bis heute werben Brauereien gezielt mit „vertrauensbildenden" klösterlichen Elementen, sei es, dass man, wie Reutberg das tut, die Klostergebäude präsentiert oder einen Konventualen als Biertrinker oder Bierbrauer abbildet. Klassische Berühmtheit hat hier der von dem vielbeschäftigten Plakatkünstler Ludwig Hohlwein 1935 geschaffene, bierselige Franziskanermönch erlangt, der seitdem für den Franziskanerbräu (heute Paulaner) den Bierkrug hebt.

Mönchsregel aus dem Jahr 600: Wer Bier verschüttet, der wird bestraft

Die Klosterbrauereien sind auch der Tummelplatz von Bier-Superlativen im Bezug auf Gründungsdaten, denn der Verbraucher verbindet Kloster beinahe automatisch mit hohem Alter. Weihenstephan, die angeblich „älteste Brauerei der Welt", wirbt mit der Jahreszahl 1040, obwohl die entsprechende Urkunde im 18. Jahrhundert gefälscht wurde. Dies schließt im Übrigen nicht aus, dass in Weihenstephan wirklich schon im 11. Jahrhundert gebraut wurde. Ob sich dann Weltenburg mit Fug und Recht die älteste Brauerei Bayerns nennen darf, sei dahingestellt, da alles an einer schriftlichen Überlieferung hängt, die angesichts der unruhigen Zeiten während des Investiturstreits oder während des 30-jährigen Krieges, wo manches Kloster- und Bistumsarchiv in Flammen aufging, eher zufällig ist.

Reinhard Heydenreuter
ist Jurist, Historiker und leidenschaftlicher Biertrinker. Er war Archivdirektor am Bayerischen Hauptstaatsarchiv und Leiter des Archivs der Bayerischen Akademie der Wissenschaften. Er ist Professor für Neuere Geschichte und Bayerische Landesgeschichte an der Katholischen Universität Eichstätt.

Der Bier trinkende Mönch: Keiner hat dieses Motiv öfter gewählt als der Maler Eduard Ritter von Grützner.

Unbestritten ist jedoch, dass alle frühen Nennungen von Bier, Hopfen, Malz und Brauerei vor dem Jahre 1000 ausschließlich in kirchlichen Quellen zu finden sind, was den Bierfreund natürlich zur Überzeugung führte, dass das Bierbrauen in den Klöstern erfunden worden ist. Wenden wir uns diesen ersten Nennungen zu: Schon in der Mönchsregel des hl. Columban um 600 findet sich der merkwürdige Satz, dass derjenige Mönch, der Bier verschüttet, bestraft wird. Ganz umfangreich wird das Braugewerbe im berühmten Klosterplan von St. Gallen von 830 abgehandelt: In diesem Idealplan, der beim Neubau des Klosters St. Gallen um 830 von einem befreundeten, wahrscheinlich aus Italien stammenden Benediktiner an den damaligen Abt Gozbert geschickt, aber wegen seiner Überdimensionierung wohl aus finanziellen Gründen nicht beachtet wurde, sind gleich drei Räume der Bierherstellung gewidmet. In jedem der drei Räume sollte eine andere Biersorte gebraut werden: Es gab ein sehr stark eingebrautes Bier mit dem Namen Celia, das wohl nur für Gäste gebraut wurde, dann das normale Weizen- oder Gerstenbier, das wohl der Elite der Mönche vorbehalten war, und schließlich das Conventus-Bier, ein Dünnbier, das für die sonstigen Laienbrüder und die Armen gedacht war.

Ein „sextarius" Bier für jeden Mönch

Dass der Bedarf an Bier in den vornehmen Adelsklöstern und Kanonikerstiften des frühen Mittelalters enorm war, zeigen die Synode von Aachen 816 und 817, wo unter anderem die Wein- und Bierrationen für die Klosterinsassen festgelegt wurden. Jeder Mönch hatte Anspruch auf ein „sextarius" Bier (0,55 Liter). Dabei ist allerdings zu beachten, dass fast alle Klöster Adelsklöster waren. Für Chorherren und Chorfrauen, die nicht in Klausur lebten und noch ihre Bediensteten versorgen mussten, waren die Rationen entsprechend höher. Die Synodalbeschlüsse machen zudem deutlich, dass Bier nur dort gebraut und konsumiert wurde, wo es keinen oder wenig Wein gab.

Kehren wir nach Bayern zurück: Bayern war einst Teil des „Klösterreichs", eines sich nach Österreich hinein erstreckenden Gebiets im Süden des Alten Reichs, in dem die bis ins hohe Mittelalter zurückreichenden Ordens-

Die älteste Darstellung eines Brauers um 1430. Oben sieht man den Bierstern, das Zunftzeichen der Brauer.

niederlassungen dem gesamten Leben ihren Stempel aufdrückten – bis zu jenem jähen Umbruch von 1803, der Bayern, seit 1806 Königreich, vorübergehend zu einem Land ohne Klöster machte.

Augustiner und Benediktiner: beten und brauen

Unter den vielen Orden der katholischen Kirche wurde für Altbayern der Benediktinerorden der wichtigste. Bayern war eine „terra benedictina" – und ist es bis heute geblieben, da nach der Säkularisation von 1802/03 und der von „aufgeklärten" Freimaurern vom Typ des Ministers Montgelas verursachten Ausplünderung der Klöster ein König Ludwig I. das Steuer herumwarf und einige Klöster wiederherstellen ließ. Davon profitierten vor allem die Benediktiner, die mit dem Haus Wittelsbach seit jeher eng verbunden waren. Denken wir nur an Scheyern, das als Wittelsbacher Hauskloster 1077 zunächst in Bayrischzell begründet und dann 1119 in Scheyern weitergeführt wurde. Nach der Säkularisation wurde es 1838 demonstrativ von König Ludwig I. neu errichtet. Oder denken wir an das Kloster Ettal, das 1330 von Kaiser Ludwig dem Bayern gegründet wurde und das man 1900 von Scheyern aus wieder ins Leben gerufen hat. Ganz selbstverständlich haben die Wittelsbacher auch eines der ältesten Benediktinerklöster Bayerns, nämlich Weltenburg, als eine Art Wittelsbacher Gründung betrachtet, da man den 788 abgesetzten Herzog Tassilo III., der Weltenburg begründet haben soll, selbstverständlich in die Ahnensreihe des Hauses Wittelsbach eingereiht hat. So verwundert es nicht, dass auch dieses Kloster 1842 mit Hilfe von König Ludwig I. neu errichtet wurde.

Angesichts dieser bis ins 19. Jahrhundert reichenden Dominanz des Benediktinerordens wird ganz vergessen, dass ein zweiter Orden, an dem die Klosterrestitution im Königreich Bayern völlig vorbeiging, für die Geschichte Bayerns von fast gleichrangiger Bedeutung war. Gemeint ist der Augustiner-Chorherren-Orden, der im bunten Kranz der hier vorgestellten Klosterbrauereien durch das Kloster Baumburg vertreten ist. Zu den bedeutendsten Stiften der Augustiner-Chorherrn in Bayern gehörten Polling und Rottenbuch. Im Unterschied zu den Benediktinern widmeten sich die Augustiner-Chorherren mehr der Messfeier und der Seelsorge. Sie wandten also den „saecularia" weit mehr Aufmerksamkeit zu als die Benediktiner und sahen sich deshalb auch nicht als Mönche im engeren Sinne. Sie führen daher auch nicht den Titel Pater, sondern beanspruchen die Anrede Herr (dominus). Diese Bevorzugung der „vita activa" führte natürlich auch dazu, die weltliche Wirtschaft mit besonderer Aufmerksamkeit zu pflegen, und dazu gehörte auch das Brauwesen. Das von den Augustiner-Chorherren gebraute Bier tranken die „Herren" und ihre zahlreichen Bediensteten nicht nur selbst, sondern sie belieferten damit auch ihre Hofmarksuntertanen und die von ihnen betreuten Pfarreien. Gerade die Augustiner-Chorherren waren für ihre Braukunst bekannt, was wohl auch damit zusammenhängt, dass sie ihre Novizen vor allem aus dem Handwerker- und Bürgerstand rekrutierten, bevorzugt auch Gastwirts- und Brauersöhne. Denen lag das Brauen schon im Blut, und sie konnten immer mit der „logistischen Brauhilfe" ihrer Verwandtschaft rechnen.

Söhne von Brauern als Novizen äußerst willkommen

Die Mitglieder der bayerischen Prälatenklöster, denen auch rechtsprechende Gewalt zuteil war, kamen also nicht, wie man früher fälschlicherweise angenommen

Ihm ist es zu verdanken, dass einige Klöster wiederbelebt wurden: König Ludwig I.

hatte, vorwiegend aus dem Bauernstand, sondern aus der gehobenen Bürger- und Handwerksschicht der Städte und Märkte. Überdurchschnittlich häufig finden sich dabei Söhne von Brauern und Gastwirten, also von Gewerben, die unangefochten zu den reichsten im Lande gehörten. Diese Bevorzugung vermögender Bürger hängt damit zusammen, dass diese Klöster sehr wohl darauf achteten, dass der jeweilige Novize eine beachtliche „Mitgift" mitbrachte. Eine Mitgift eines Gastwirtssohnes in Höhe von 2000 Gulden war keine Seltenheit. Damit konnte man schon ein gewaltiges Gebäude errichten. Die großen Barockbauten der bayerischen Prälatenklöster sind also nicht nur aus den Erträgen der jeweiligen Klöster finanziert worden, sondern es steckt hier auch das Geld vieler Brauer- und Gastwirtsfamilien dahinter.
Die enge Verbindung der bayerischen Prälatenklöster zu den Brauer- und Gastwirtsfamilien sei an einigen Beispielen demonstriert, die vor allem die im Folgenden vorgestellten Klosterbrauereien betreffen.
So war der Vater von Propst Joachim Vischer (1748-1761) aus dem Augustiner-Chorherren-Stift Baumburg, der die dortige barocke Stiftskirche errichten ließ, ein Bierbrauer. Einen Braumeister als Vater hatte auch Placidus II. Seitz, Abt des Benediktinerklosters Ettal (1709-1736), dem wir den Bau der einmalig schönen barocken Abteikirche verdanken. Der Abt Theodor Reitwinkler des Zisterzienserklosters Aldersbach (1745-1779) war der Sohn des Braumeisters des Brauhauses von Hacklberg, das den Fürstbischöfen von Passau gehörte. Der Vater des Hermann Maurus, des letzten Abtes im Benediktinerkloster Weißenohe (1758-1803), war Gastwirt in Schwandorf in der Oberpfalz, und der Vater des Abtes Placidus Forster des Benediktinerklosters Scheyern (1734-1757) war Gastwirt in Königsfeld an der Ilm.

Probe aufs Exempel: Um zu prüfen, ob im Starkbier genügend klebriger Malzzucker enthalten war, soll man früher Bier über eine Bank geschüttet haben. Blieb die Bank kleben, war das Bier in Ordnung.

Nach Eiszeit und Steuerdruck boomt das Bier

Die Klosterbrauereien waren für die Wirtschaftseinheit Kloster ein wichtiger, ja vielfach der wichtigste Einnahmefaktor. Das hing vor allem mit der zunehmenden Bedeutung des Biers zusammen, das den Wein als bevorzugtes Getränk verdrängte. Ursache dafür war zum einen der Klimawandel seit Ende des 16. Jahrhunderts („Kleine Eiszeit"), der den Weinanbau in Ober- und Niederbayern bis auf kleine Gebiete um die Donau schrumpfen ließ. Der Rückgang des

Weinkonsums und der Siegeszug des Biers hingen aber auch mit der verbesserten Brautechnik und nicht zuletzt mit der drastisch erhöhten Besteuerung des Importweins zusammen. Die Menschen änderten also nicht zuletzt auch aufgrund des Steuerdrucks ihre Trinkgewohnheiten.

Konkurrenz verboten: das Biermonopol der Klöster

Als deshalb nach dem 30-jährigen Krieg das Braunbier das Standardgetränk der Bevölkerung wurde, steigerte sich die Bedeutung der Klosterbrauereien und vor allem der Klostertavernen, in denen das Bier ausgeschänkt wurde.

Da die Prälatenklöster die größten Grundbesitzer im Kurfürstentum Bayern waren und gleichzeitig auch die meisten Untertanen hatten, war das Produktionsvolumen dieser Klosterbrauereien und das Ausschankvolumen in den klostereigenen Tavernen bei einzelnen Klöstern enorm. Bei Klöstern wie Ettal gab es ein fast monopolistisches Vertriebssystem: Auf dem Gebiet ihres Klostergerichts und darüber hinaus unterbanden sie den Ausschank fremder Biere. Betrachtet man die Menge des Bierausstoßes, so erreichten manche Klosterbrauereien, darunter vor allem auch Aldersbach, bis zu 5000 Hektoliter jährlich. Zum Vergleich: Der Durchschnitt des Bierausstoßes der bayerischen Brauereien gegen Ende des 18. Jahrhunderts lag bei 800 Hektolitern.

Dampfende Bottiche: Nach dem Dreißigjährigen Krieg stieg der Ausstoß in den Klosterbrauereien stark an.

Auf Grund der Bierproduktion und des Bierausschanks gehörten die Klöster auch zu den größten Steuerzahlern im Land – und zwar nicht nur im Bereich der Landsteuer, sondern vor allem auch im Bereich des seit 1543 erhobenen Aufschlags (Getränkesteuer), der ja zunächst nur für aus- und eingeführtes Bier, dann aber auch für das im Land gebraute und getrunkene braune Bier zu zahlen war. Befreit waren zunächst die Bettelorden (Mendikanten), soweit sie für den Eigenbedarf brauten. Doch bat man mit Ausnahme der Franziskaner, Kapuziner und Paulaner bald auch diese seit 1786 zur Kasse, da nicht mehr zu überblicken war, ob das jeweilige Mendikantenkloster für den Eigenbedarf braute.

Was die Bierherstellung betraf, besaßen die Klosterbrauereien im Vergleich zu ihren bürgerlichen Konkurrenten in den Städten und Märkten, aber auch im Vergleich zu den adeligen Brauereien erhebliche Standortvorteile: sie verfügten über enorme landwirtschaftliche Kapazitäten, insbesondere über die Gerste, den Hopfen und das Brennholz, das man zum Biersieden brauchte. All das musste sich die bürgerliche Konkurrenz erst auf dem Land kaufen – und zwar nicht zuletzt bei ihren klösterlichen Konkurrenten, denn die Geistlichkeit verfügte immerhin über die Mehrheit des Grundbesitzes im Herzogtum und Kurfürstentum Bayern. Im Unterschied zu den Adelshofmarken war das Leben der Untertanen in einer Klosterhofmark dank der

Ende des 18. Jahrhunderts produzierte eine bayerische Brauerei im Schnitt 800 Hektoliter pro Jahr. Nicht so im Kloster Aldersbach, da waren es 5000 Hektoliter.

von Nachhaltigkeit geprägten klösterlichen Wirtschaft, die auch beim Bierbrauen nicht sparen musste, aber um vieles angenehmer. Nicht umsonst hieß es: „Unter dem Krummstab ist gut leben."

Das Brauen besorgten in den Klöstern unter Aufsicht des Cellerars meistens bürgerliche Braumeister, die mit ihren Knechten zu den absoluten Spitzenverdienern innerhalb der Klosterverwaltungen gehörten. Lediglich bei Bettelorden fanden sich noch Laienbrüder als Braumeister.

Auch in der Technik des Brauens standen die (verwandtschaftlich vernetzten) Klöster ihrer bürgerlichen oder adeligen Konkurrenz in nichts nach. So finden wir unter den Fachleuten zum Brauereiwesen viele Geistliche: Der Exjesuit Joseph von Boslarn, bischöflicher geistlicher Rat, der aus einem in Moos bei Amberg ansässigen Adelsgeschlecht stammte und als Professor am Lyzeum in Amberg lehrte, schrieb die erste detaillierte wissenschaftliche Abhandlung über Bierzubereitung („Über die Erfindung des Bieres"), die 1783 in der Schriftenreihe der Bayerischen Akademie der Wissenschaft erschien. Viele Klöster gaben Handbücher über Verwaltung und Wirtschaft für ihre Mitarbeiter heraus, in denen die jeweilige Klosterbrauerei immer eine wichtige Rolle spielte. Genannt sei hier etwa die „Oeconomia Pollingana" des in Polling wirkenden Ollegarius Seidl von 1788.

Das Sterben der klösterlichen Bräuhäuser setzt schon 1773 ein

Ein Ende der alten Klosterbrauereien kam dann seit dem Ende des 18. Jahrhunderts mit der Aufhebung der bayerischen Klöster, endgültig mit der Säkularisation von 1802/03. Das Sterben der klösterlichen Brauhäuser begann aber eigentlich schon mit der Aufhebung des Jesuitenordens 1773 und setzte sich fort mit der Aufhebung der Bettelorden im Jahre 1801. Besonders die zahlreichen Brauhäuser der Franziskaner waren davon betroffen. Als man dann 1802/3 auch zur Säkularisation der grundbesitzenden Prälatenklöster schritt, bildeten die Brauhäuser einen wichtigen, vielfach den wichtigsten, weil wertvollsten Teil der klösterlichen Immobilien, die man durch Verkauf, Versteigerung oder Verpachtung verwertete oder in staatlicher Regie übernahm.

Insgesamt gab es zum Zeitpunkt der Klosteraufhebungen 1802/03 auf dem Gebiet des heutigen Bayern etwa 300 Klosterbrauereien unterschiedlichster Größe, davon etwa 40 Prozent Braustätten der Bettelorden.
Die Zertrümmerung der klösterlichen Wirtschaftsbetriebe und deren Verwertung brachte aber bei weitem nicht das Ergebnis, das sich die Betreiber angesichts der immens gewachsenen Staatsschulden des bankrotten Bayern erwarteten. Man konnte den Kredit gebenden Banken, auf deren Druck hin nicht zuletzt die Klostersäkularisation erfolgt war, aus den unmittelbar erzielten Erlösen mit Not eine Zinsrate bezahlen. Die Kreditwürdigkeit Bayerns war so nicht hergestellt, die Säkularisation deshalb im Grunde eine sinnlose Vernichtung von Wirtschaftskraft. Der Druck der Banken auf das permanent bankrotte Bayern hielt bis 1818/19, bis zur Verfassung und bis zur Übernahme der Staatsschulden durch die Ständeversammlung an.

Staatliche Führung wird zum riesigen Verlustgeschäft

Ein Viertel der Brauhäuser, soweit sie nicht geschlossen wurden (was im Übrigen sehr im Interesse der bürgerlichen Konkurrenz lag), wurden von Adeligen gepachtet oder gekauft. Bei Erwerb der gesamten Klosterimmobilie war die Brauerei und deren Einrichtung dann Teil des Gesamtgeschäfts. Die Übernahme einer Brauerei war für den Adel deswegen interessant, weil der vergleichsweise lukrative Betrieb einer Brauerei (soweit nur Bedienstete und ein Braumeister Hand anlegten) nicht als Handwerk galt und daher nicht nach dem Adelsedikt von 1808 zum Verlust von Vorrechten führte.
Schon im 16. und 17. Jahrhundert hatte der bayerische Adel auf seinen Hofmarken zahlreiche Brauhäuser errichtet. Da dies vielfach ohne Bewilligung durch den Landesherrn geschah, ließ der erboste Kurfürst Maximilian 1640 eine Braumatrikel anfertigen, in der die legalen Brauhäuser einzutragen waren. Das verhinderte allerdings nicht die weitere illegale Errichtung von adeligen Brauhäusern. Diejenigen klösterlichen Braustätten, die der bayerische Staat als rentabel erachtete, übernahm er nach der Säkularisation in Eigenregie, so etwa den Ettaler Großbetrieb. Sie wurden ab 1804 zusammen mit den kurfürstlichen Brauhäusern (unter denen die Weißbierbrauhäuser die rentabelsten waren) der neu gegründeten „Bräuwesensadministration" unterstellt. Doch die ehemaligen Klosterbrauereien unter staatlicher Leitung erwiesen sich sehr bald als defizitär und wurden daher abgestoßen. Zuletzt wurde Ettal 1809 privatisiert.
Es war dieser Verkauf der Klosterbrauereien, der dem bayerischen Brauereigewerbe den entscheidenden Anstoß gab und der nicht zuletzt auch zur europäischen Dominanz der bayerischen Brauer Ende des 19. Jahrhunderts führte. Die Aufhebung des Bierzwangs, die Malzaufschlagsregelung von 1806, das Biersatzregulativ von 1811 und die fast automatische Verleihung von Braugerechtigkeiten bei den zum Verkauf anstehenden Klosterbrauereien führten fast zu einer Art Gewerbefreiheit in diesem Bereich.

Weil das Geschäft mit dem Bier florierte, rüsteten die Klosterbrauereien, wie hier in Ettal, technisch auf und waren deshalb führend bei der Modernisierung Bayerns.

Riesige Geldsummen wurden investiert, alleine für 1824 rechnete man eine Gesamtanlage von 100 Millionen Gulden in diesem Wirtschaftszweig aus, mehr als in jedem anderen Bereich.

Klosterbrauereien als Motoren der frühindustriellen Entwicklung in Bayern

Da die Einnahmen aus dem Malzaufschlag fast ein Viertel der Staatseinnahmen deckten, förderte man von Staats wegen diese Entwicklung des Braugewerbes mit einer Großzügigkeit, die es in anderen Bereichen, wo noch engster Zunftzwang herrschte, nicht gab. Und unter den Unternehmern, die sich in diesem Bereich engagierten, waren viele, die ihre Arbeit in Klosterbrauereien begannen. Viele von ihnen beteiligten sich auch, neben dem Adel und dem auf Kapitalanlage erpichten Bürgertum, am Aufkauf der Klosterbrauereien. Im Unterschied zu allen anderen versteigerten Rechten, Mobilien und Immobilien aus der Säkularisationsmasse erzielten Klosterbrauereien Erlöse, die in der Regel über dem Schätzwert waren. Ein Zeichen dafür, dass Unternehmer und Spekulanten im Brauereibereich hervorragende Entwicklungsmöglichkeiten sahen. Tatsächlich konnten einige der neuen Brauherren mit ihrem Betrieb gewaltig expandieren und immense Gewinne einfahren. Das Geschäft mit dem Bier florierte, so dass diese Branche immer bedeutender wurde, auch und gerade für die Modernisierung und Technisierung der gesamten bayerischen Wirtschaft. Deshalb gehören die Klosterbrauereien selbst nach ihrem Ende mit zu den Auslösern der frühindustriellen Entwicklung in Bayern.

Noch ein Wort zu den Klosterbrauereien, die wieder zu echten Klosterbrauereien wurden: Im Zusammenhang mit der Klosterrestitution kam es auch zur Einrichtung oder Übernahme von Brauhäusern unter der Regie der wiederhergestellten Klöster. Diese wurden von der inzwischen gut entwickelten bürgerlichen und adeligen Konkurrenz misstrauisch beäugt. Auch die Klosteroberen sahen, wie bei den Franziskanern, die sich neu entwickelnde wirtschaftliche Tätigkeit im Bereich des Brauwesens mit einer gewissen geistlichen Sorge. Daher wurde Ende des 19. Jahrhunderts den Franziskanerklöstern von ihrer geistlichen Leitung der Betrieb von Brauhäusern untersagt. Nur die Franziskaner von Kreuzberg in der Rhön durften – bis heute – weiter brauen.

Zum Abschluss noch ein juristischer Exkurs: Der Begriff „Klosterbräu" ist, wie schon zu Anfang ausgeführt, für den Verbraucher ein Qualitätsmerkmal. Das hat auch Auswirkungen auf das aktuelle Wettbewerbsrecht, das dafür sorgt, dass der Verbraucher nicht durch falsche Angaben getäuscht wird.

Nachweis einer Traditionslinie erforderlich

So haben die Gerichte inzwischen klar gestellt, dass nicht jede beliebige Brauerei den Begriff „Kloster" oder einen anderen religiösen Begriff verwenden darf. 1997 verbot beispielsweise das Oberlandesgericht Hamburg auf die Klage der Klöster Ettal und Andechs hin unter Verweis auf § 3 des

Der Durst wurde immer größer, die Klosterbrauereien wirtschaftlich immer erfolgreicher.

Gesetzes über den unlauteren Wettbewerb einer neu errichteten Brauerei in Dargun in Mecklenburg-Vorpommern die Führung des Namens „Darguner Klosterbräu": Es fehlte, so das Gericht, jede Beziehung zu einem Kloster. Zwar gab es im Mittelalter einmal kurzzeitig ein Kloster in Dargun, um sich aber „Klosterbräu" nennen zu dürfen, sei der Nachweis einer ungebrochenen Traditionslinie erforderlich, was bei einer Neugründung nicht der Fall sei.

Fassen wir zusammen und lassen wir unsere Gedanken noch einmal über das bayerische „Klösterreich" schweifen: Klöster sind Einrichtungen, die zwischen Himmel und Erde vermitteln wollen. Sie stellen eine geniale Verbindung zwischen verinnerlichtem Glauben und einer perfekten Lebensorganisation dar. Diese Lebensorganisation ist nichts anderes als das, was wir heute als juristische Person bezeichnen, eine genossenschaftliche Organisation von Gleichberechtigten, die ein gemeinsames Ziel verfolgt. Diese Gemeinschaft ist auf Dauer angelegt, ist mehr als der Einzelne, der ihr angehört: Sie ist sowohl als weltliche als auch als geistliche Organisation auf die Ewigkeit ausgerichtet.

Das Familienheil mit täglichem Gebet sichern

Adelige Familien, wie etwa die Wittelsbacher, sicherten sich die Klöster, um über den Tod des einzelnen Familienmitglieds hinaus den „splendor familiae" zu erhalten. Durch das tägliche Gebet der Klosterinsassen sollten

Zwischen Himmel und Erde: Die geistlichen Herren sind voll ins weltliche Geschäft eingebunden.

nach dem Willen der um ihr Seelenheil bangenden Klosterstifter das Heil der Familie, aber auch jenes von Volk und Reich gesichert werden. Dafür benötigte man bestes Personal, keine lebensuntauglichen, nur dem Gebet hingegebene, schwache Menschen, sondern tatkräftige Erfüller des apostolischen Auftrags, vielfach auch hochrangige Mitglieder der Stifterfamilien.

Klöster waren auch Zellen der irdischen Welt

So verwundert es nicht, dass auch im materiellen Bereich die Klöster seit dem Mittelalter zum Kristallisationspunkt aller menschlichen geistigen und körperlichen Fähigkeiten ihrer

Die Liebe zum Bier hatte er von seinem Vater, einem Gastwirt: Placidus Forster, einst Abt im Kloster Scheyern.

Zeit wurden. Das bedeutete aber auch, dass Klöster auch Zellen der irdischen Welt waren und dass man sich mit dieser irdischen Welt arrangieren musste. Vielfach überließ man den Schutz des Klosters einem adeligen Vogt, der aber nicht frei war von den schlimmsten Todsünden, vom Neid (invidia) und dem Hochmut (superbia). Gegen den Zugriff fremder Mächte oder der eigenen Vögte schützten sich die Klöster durch Schriftlichkeit: Sie schrieben sorgfältig auf, was man ihnen geschenkt hatte, um Beweise bei Übergriffen Dritter zu haben. Diese Schreibfähigkeit und ihre Bücherkenntnis brachte den Klöstern einen ungeheuren Wissensvorsprung, der natürlich auch weltlichen Künsten zugute kam – und dazu gehörte auch das Bierbrauen. Diese Kombination von weltlichen und geistlichen Fähigkeiten, dieses Nebeneinander von solidem Wissen und spiritueller Heilsvermittlung machten die Klöster auch zu wirtschaftlich erfolgreichen Orten. Ihre Produkte wurden auch in den neu entstehenden Städten und Märkten erfolgreich verkauft. Wichtig war es aber auch, das Kloster als Ort des Heils für auswärtige Pilger attraktiv zu machen. Dies geschah vor allem durch Reliquien, welche die Pilger anlockten, die sich Heilung von Krankheiten, Kindersegen oder ewige Seligkeit erhofften. Pilger hatten Sonderprivilegien, aber nicht jeder der seit dem 12. Jahrhundert verstärkt umherwandernden Pilger hatte die ewige Seligkeit im Kopf. Die Bedürfnisse dieser gigantisch anwachsenden Wanderungen befriedigten die Kloster durch die Anhäufung von heilkräftigen Reliquien und durch eine glänzend organisierte Pilgerversorgung. Das Kloster Scheyern erhielt seine wundertätige Kreuzreliquie um 1200 von einem Grafen, der ins Heilige Land gepilgert war. Durch seine Schenkung förderte er nicht nur das Seelenheil der Wittelsbacher, sondern sicherte auch das wirtschaftliche Überleben des Klosters. Die Wallfahrt zur Scheyerner Kreuzreliquie war für die Wirtschaft des Kloster bis in die Neuzeit von allergrößter Bedeutung, da sie wie auch die mit ihr in Berührung gebrachten Kreuze oder Papiere als bester Gegenzauber gegen Hexerei galten. Daher war man in Scheyern wenig erfreut, als im 18. Jahrhundert an der Bayerischen Akademie der Wissenschaften die Hexerei als Aberglaube verunglimpft wurde. Man führte deshalb gegen die Freimaurer und Verkünder der neuen Lehre in München einen erbitterten Kampf, schließlich waren die Pilger ein wichtiger Wirtschaftsfaktor für Brauerei und Wirtschaft des Kloster. Die Bedeutung der ernsthaften und weniger ernsthaften Pilger für den Bierumsatz bis heute wird deutlich, wenn man sich die gefüllten Biergärten auf dem Kreuzberg in der Rhön ansieht.

Das körperliche und geistige Wohl im Sinn

Es geht daher dem Freund des Klosterbiers nicht anders als dem verständigen Weintrinker, der um Herkunft, Lage und Jahrgang weiß: es schwingt immer eine magische historische Dimension mit. Daher ist auch der dem mönchischen Leben entlehnte lateinische Wunsch „prosit" oder bayerisch verkürzt „Prost" (also: „möge es nützen"), von doppelter Bedeutung – er meint das geistige und das körperliche Wohl.

Prost – es möge nützen: In einem Klosterbräustüberl wie jenem von Ettal vereinen sich das geistliche und das körperliche Wohl.

1803 – Zäsur für die bayerischen Klöster

Die Säkularisation und ihre Folgen bedeuteten einen der tiefgreifendsten politischen, sozialen, wirtschaftlichen und kulturellen Umbrüche der bayerischen Geschichte.

Für die bayerischen Klöster waren die Schicksale seit 1803 sehr unterschiedlich. Einige Klosteranlagen wurden abgebrochen, andere an Privatleute verkauft. Einige wenige blieben als sogenannte Aussterbeklöster vor der Auflösung bewahrt und überdauerten so bis zur Wiederbelebung der bayerischen Klosterlandschaft unter König Ludwig I.

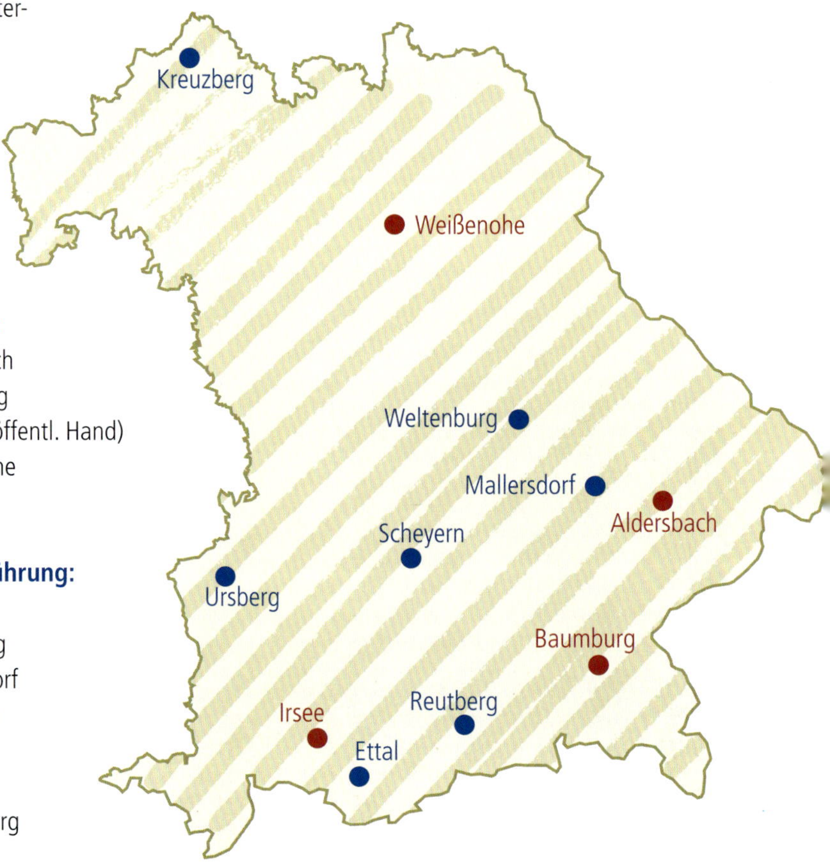

Klöster in Privatbesitz:

Kloster Aldersbach
Kloster Baumburg
Kloster Irsee (in öffentl. Hand)
Kloster Weißenohe

Klöster unter Ordensführung:

Kloster Ettal
Kloster Kreuzberg
Kloster Mallersdorf
Kloster Reutberg
Kloster Scheyern
Kloster Ursberg
Kloster Weltenburg

Kloster	Aldersbach	Baumburg
Ort	Aldersbach	Altenmarkt a.d. Alz
Landkreis	Passau/Niederbayern	Traunstein/Oberbayern
Pfarrei	Aldersbach	Altenmarkt a.d. Alz
Diözese	Passau	München und Freising
Orden	Zisterzienser (1136-39 Augustiner Chorh.)	Augustiner Chorherren
Patrozinium	St. Maria, vor 1147 St. Petrus	St. Margaretha
Gründer	Bischof Otto I. von Bamberg	Graf Berengar von Sulzbach
Brauerei seit	1268	1435
Betreiber	seit 1811 Freiherrn von Aretin	seit 1873 Familie Dietl
Weiternutzung nach der Säkularisation	Das Kloster kam in Privatbesitz.	Die Klostergebäude wurden größtenteils abgebrochen. In einem Teil der erhaltenen Gebäude wurde 1910 der Pfarrhof untergebracht, ein anderer Teil wurde als Erholungsheim der Engl. Fräulein eingerichtet.

Kloster	Ettal	Irsee
Ort	Ettal	Irsee
Landkreis	Garmisch-Partenkirchen/Oberbayern	Ostallgäu/Schwaben
Pfarrei	Ettal	Irsee
Diözese	München und Freising	Augsburg
Orden	Benediktiner	Benediktiner
Patrozinium	Mariä Himmelfahrt	St. Maria
Gründer	Kaiser Ludwig IV. der Bayer	Markgraf Heinrich von Ronsberg
Brauerei seit	1609	1182
Betreiber	Ettaler Klosterbetriebe GmbH	seit ca. 1803 Familie Paulus
Weiternutzung nach der Säkularisation	1809 ersteigerte Josef von Elbing die Gebäude. 1856 erwarb sie Graf Albert von Pappenheim, 1898 Baron Theodor von Cramer-Klett, 1899 die Abtei Scheyern. 1900 wurde Kloster Ettal wiedererrichtet.	Die Wirtschaftsgebäude wurden ab 1807 verkauft. Zwischen 1849 und 1972 befand sich dort eine „Irrenanstalt", seit 1981 Nutzung als Tagungs- und Bildungszentrum.

Kurzsteckbrief

Kloster	Kreuzberg	Mallersdorf
Ort	Bischofsheim a.d. Rhön	Mallersdorf-Pfaffenberg
Landkreis	Rhön-Grabfeld/Unterfranken	Straubing-Bogen/Niederbayern
Pfarrei	Bischofsheim a.d. Rhön	Mallersdorf-Pfaffenberg
Diözese	Würzburg	Regensburg
Orden	Franziskaner	Arme Franziskanerinnen
Patrozinium	Kreuzerhöhung	St. Johannes Evangelist
Gründer	Franziskaner	Heinrich von Kirchberg
Brauerei seit	1731	1623
Betreiber	Franziskaner Klosterbetriebe GmbH ●	Arme Franziskanerinnen ●
Weiternutzung nach der Säkularisation	Das Kloster wurde nicht aufgehoben. Ursprünglich zum Aussterben bestimmt, wurde durch Dekret vom 30. Sept. 1826 der Fortbestand des Klosters gesichert.	Die Güter wurden versteigert, die Klostergebäude ab 1807 als Amtsräume und Wohnungen genutzt. Seit 1869 leben Franziskanerinnen in Mallersdorf.

Kloster	Reutberg	Scheyern
Ort	Sachsenkam	Scheyern
Landkreis	Bad Tölz-Wolfratshausen/Oberbayern	Pfaffenhofen a.d. Ilm/Oberbayern
Pfarrei	Sachsenkam	Scheyern
Diözese	München und Freising	München und Freising
Orden	Terziarinnen der Franziskaner-Reformaten	Benediktiner
Patrozinium	Mariä Verkündigung	Heiliges Kreuz, Mariä Himmelfahrt
Gründer	Johann Jakob und Anna von Papafava	Grafen von Scheyern
Brauerei seit	1677	1119
Betreiber	Klosterbrauerei Reutberg eG ●	Benediktinerabtei zum Hl. Kreuz ●
Weiternutzung nach der Säkularisation	Kirche und Klostergebäude blieben erhalten. Am 2. August 1835 erlaubte König Ludwig I. von Bayern die Wiedererrichtung des Klosters und die Errichtung einer Mädchenschule.	1802 landesherrliche Verwaltung, 1803 Aufhebung. Die Gebäude wurden verkauft und wechselten mehrfach den Besitzer. 1838 wurde das Kloster wiedererrichtet.

Kloster	Ursberg	Weißenohe
Ort	Ursberg	Weißenohe
Landkreis	Günzburg / Schwaben	Forchheim / Oberfranken
Pfarrei	Ursberg	Weißenohe
Diözese	Augsburg	Bamberg
Orden	Prämonstratenser	Benediktiner
Patrozinium	Patrozinium St. Petrus, St. Johannes	St. Bonifatius
Gründer	Edler Wernher von Schwabegg-Balzhausen	Pfalzgraf Aribo IV.
Brauerei seit	1623	1050
Betreiber	Klosterbräuhaus Ursberg GmbH	seit 1827 Familie Winkler
Weiternutzung nach der Säkularisation	1884 erwarb der Priester Dominik Ringeisen die Gebäude und rief dort eine Schwesternkongregation zur Pflege von körperlich und geistig Behinderten ins Leben.	Die Klostergebäude wurden 1804 verkauft und 1850 bis auf einen Flügel abgebrochen.

Kloster	Weltenburg
Ort	Kelheim
Landkreis	Kelheim / Niederbayern
Pfarrei	Kelheim
Diözese	Regensburg
Orden	Benediktiner
Patrozinium	St. Georg, St. Martin
Gründer	iroschottische Mönche
Brauerei seit	1050
Betreiber	Klosterbrauerei Weltenburg GmbH
Weiternutzung nach der Säkularisation	Weltenburg wurde am 25. August 1842 als Priorat des Klosters Metten wiedererrichtet. 1913 wurde Weltenburg eine Abtei.

Wiederbelebung der Braukunst im klösterlichen Umfeld

Die Säkularisation von 1803 brachte, mit ganz wenigen Ausnahmen in Nordbayern, nicht nur das komplette klösterliche Leben zum Erliegen, sondern bedeutete auch das Ende für die jahrhundertealte Brautradition in den Klostermauern. Von den rund 300 Klosterbrauereien, die es vor der Säkularisation alleine in Bayern gab, existieren heute nur noch zwölf, von denen wiederum acht noch von Orden betrieben werden, wobei man auch hier unterscheiden muss: In Klöstern wie Andechs, Ettal, Kreuzberg, Mallersdorf, Scheyern und Ursberg zeichnen nach wie vor die jeweiligen Orden direkt für die Brauerei verantwortlich.

In Reutberg und Weltenburg haben die Orden den Betrieb der Brauerei an eine Genossenschaft und ein privatwirtschaftlich geführtes Unternehmen abgetreten. Dazu kommen die Brauereien in Aldersbach, Baumburg, Irsee und Weißenohe, die vollständig von weltlichen Inhabern geführt werden.

Betrachtet man die Wiederbegründung des Brauwesens in den Klöstern, dann fällt auf, dass die Brauerei in Kreuzberg als einzige von der Verstaatlichung der klösterlichen

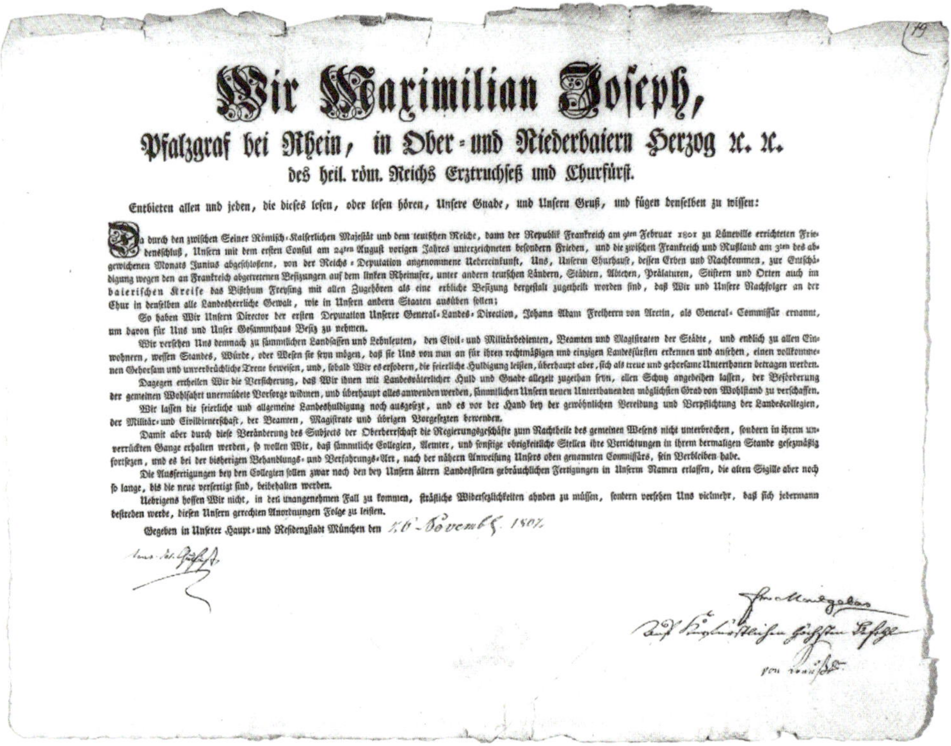

Wir Maximilian Joseph,

Pfalzgraf bei Rhein, in Ober- und Niederbaiern Herzog ꝛc. ꝛc.

des heil. röm. Reichs Erztruchseß und Churfürst.

Entbieten allen und jeden, die dieses lesen, oder lesen hören, Unsere Gnade, und Unsern Gruß, und fügen denselben zu wissen:

Da durch den zwischen Seiner Römisch-Kaiserlichen Majestät und dem teutschen Reiche, dann der Republik Frankreich am 9ten Februar 1801 zu Lüneville errichteten Friedenschluß, Unsern mit dem ersten Consul am 24ten August vorigen Jahres unterzeichneten besondern Frieden, und die zwischen Frankreich und Rußland am 3ten des abgewichenen Monats Junius abgeschloßene, von der Reichs-Deputation angenommene Uebereinkunft, Uns, Unserm Churhause, dessen Erben und Nachkommen, zur Entschädigung wegen den an Frankreich abgetretenen Besizungen auf dem linken Rheinufer, unter andern teutschen Ländern, Städten, Abteyen, Prälaturen, Stiftern und Orten auch im baierischen Kreise das Bisthum Freysing mit allen Zugehören als eine erbliche Besizung dergestalt zugetheilt worden sind, daß Wir und Unsere Nachfolger an der Chur in denselben alle Landesherrliche Gewalt, wie in Unsern andern Staaten ausüben sollen;

So haben Wir Unsern Director der ersten Deputation Unserer General-Landes-Direction, Johann Adam Freiherrn von Aretin, als General-Commissär ernannt, um davon für Uns und Unser Gesammthaus Besiz zu nehmen.

Wir versehen Uns demnach zu sämmtlichen Landsassen und Lehnleuten, den Civil- und Militärbedienten, Beamten und Magistraten der Städte, und endlich zu allen Einwohnern, wessen Standes, Würde, oder Wesen sie seyn mögen, daß sie Uns von nun an für ihren rechtmäßigen und einzigen Landesfürsten erkennen und ansehen, einen vollkommenen Gehorsam und unverbrüchliche Treue beweisen, und, sobald Wir es erfodern, die feierliche Huldigung leisten, überhaupt aber, sich als treue und gehorsame Unterthanen betragen werden.

Dagegen ertheilen Wir die Versicherung, daß Wir ihnen mit Landesväterlicher Huld und Gnade allezeit zugethan seyn, allen Schuz angedeihen lassen, der Beförderung der gemeinen Wohlfahrt unermüdete Vorsorge widmen, und überhaupt alles anwenden werden, sämmtlichen Unsern neuen Unterthanen den möglichsten Grad von Wohlstand zu verschaffen.

Wir lassen die feierliche und allgemeine Landeshuldigung noch ausgesezt, und es vor der Hand bey der gewöhnlichen Vereidung und Verpflichtung der Landescollegien, der Militär- und Civildienerschaft, der Beamten, Magistrate und übrigen Vorgesezten bewenden.

Damit aber durch diese Veränderung des Subjects der Oberherrschaft die Regierungsgeschäfte zum Nachtheile des gemeinen Wesens nicht unterbrochen, sondern in ihrem unverrückten Gange erhalten werden, so wollen Wir, daß sämmtliche Collegien, Aemter, und sonstige obrigkeitliche Stellen ihre Verrichtungen in ihrem dermaligen Stande gesezmäßig fortsezen, und es bei der bisherigen Behandlungs- und Verfahrungs-Art, nach der nähern Anweisung Unsers oben genannten Commissärs, sein Verbleiben habe.

Die Ausfertigungen bey den Collegien sollen zwar nach den bey Unsern ältern Landesstellen gebräuchlichen Fertigungen in Unserm Namen erlassen, die alten Sigille aber noch so lange, bis die neue verfertigt sind, beibehalten werden.

Uebrigens hoffen Wir nicht, in den unangenehmen Fall zu kommen, sträfliche Widersezlichkeiten ahnden zu müssen, sondern versehen Uns vielmehr, daß sich jedermann bestreben werde, diesen Unsern gerechten Anordnungen Folge zu leisten.

Gegeben in Unserer Haupt- und Residenzstadt München den 26 Novemb. 1802.

Das war's dann: Mit diesem Besitzergreifungsdokument vom 26. November 1802 verfügt Kurfürst Max Joseph, dass die Klöster aufgelöst werden und deren Besitz an den Staat fällt.

Besitztümer überhaupt nicht betroffen war, so dass die dort tätigen Franziskaner seit 1731 ununterbrochen Bier brauen konnten. Ebenfalls keine Zwangspause gab es im mittelfränkischen Weißenohe: Hier hat im Jahr 1803 der vormals klösterliche Braumeister die Brauerei ganz einfach erworben, ehe er sie 1827 an die Familie Kraus verkaufte, die den Betrieb mittlerweile in der fünften Generation führt.

Vor 1803 gab es rund 300 Klosterbrauereien in Bayern

Nur eine kurze Zäsur gab es im niederbayerischen Aldersbach: Dort erwarb Freiherr Johann Adam von Aretin 1811 die Klosteranlage mitsamt der Brauerei; die Brauerei ist bis heute in Familienbesitz. Im Gegensatz dazu dauerte es im südostbayerischen Baumburg genau sieben Jahrzehnte, bis die Familie Dietl die Brauerei wieder in Betrieb nahm. Ihre Nachkommen fühlen sich diesem Erbe seither verpflichtet.

Eine Sonderstellung nimmt die Klosterbrauerei Reutberg ein: Während es in Aldersbach, Baumburg und Weißenohe kein klösterliches Leben mehr gibt, leben auf dem Reutberg nach wie vor einige Schwestern des dritten Ordens der Franziskaner, die mit der Brauerei aber nichts mehr zu tun haben. Nach der Wiedererrichtung des Klosters im Jahre 1835 bekam man auf dem Reutberg von König Ludwig I. das sogenannte fremde Braurecht verliehen, fortan wurde das Bier also unter weltlicher Aufsicht gebraut, ehe 1924 eine Brauereigenossenschaft gegründet wurde.

König Ludwig I. haben schließlich die Klosterbrauereien in Andechs, Scheyern und Weltenburg zu verdanken, dass sie schon bald nach der Säkularisation wieder Bier brauen durften. Nachdem er Scheyern 1838 wieder als Benediktinerkloster errichten ließ, wurden dort umgehend auch wieder die Sudkessel befüllt. Vier Jahre später vollzog Ludwig I. den gleichen Schritt auch in Weltenburg.

Und 1846 erwarb Ludwig I. die Gebäude und Güter des ehemaligen Klosters Andechs und stiftete es 1850 der von ihm gegründeten Benediktinerabtei St. Bonifaz in München, die seither das berühmte Bier vom „heiligen Berg" braut.

Am längsten musste man in Ursberg und Ettal darauf warten, wieder Bier zu brauen. In Ursberg erwarb der Priester Dominikus Ringeisen 1893 die Brauerei, zur Versorgung des von ihm gegründeten Franziskanerinnenklosters und der Behinderteneinrichtung der St. Josefskongregation. Bis heute ist das Klosterbräuhaus vollständig im Besitz der Klosterschwestern. Und in Ettal dauerte es fast 100 Jahre, bis dort wieder klösterliches Leben einzog: Nachdem Baron Theodor von Cramer-Klett die Anlage erworben hatte, schenkte er sie dem Kloster Scheyern, damit in Ettal am 6. August 1900 wieder Benediktinermönche einziehen konnten, die seither für die wirtschaftlichen Geschicke der Brauerei verantwortlich zeichnen.

Aldersbach

Kloster Aldersbach und Asamkirche
Klosterbrauerei und Bräustüberl

Kloster Aldersbach

Man hat es hier, im tiefsten Niederbayern, die Bischofsstadt Passau nicht weit, längst verschmerzt, dass man sein Dasein ausgerechnet den Franken zu verdanken hat, jenem Volksstamm also, der im Süden Bayerns noch immer oft der Gegenstand von Spott und Frotzeleien ist. Das Kloster Aldersbach aber, das ist urkundlich verbrieft, gibt es heute nur deshalb, weil die Franken an diesem Ort großes Interesse hatten. Denn kurz nachdem durch Adelige aus der Region um 1120 hier ein Augustiner-Chorherrenstift gegründet worden war, übernahmen im Jahre 1146 die Zisterzienser des unterfränkischen Klosters Ebrach das Chorherrenstift und weihten es der Mutter Gottes.

Im 13. und 14. Jahrhundert verfügte das Kloster über ein bedeutendes Skriptorium und eine Goldschmiedewerkstatt. Danach folgte eine wechselvolle Geschichte, ehe sich Aldersbach bis zur Barockzeit zu einem der bedeutendsten und reichsten Klöster in Bayern entwickelte.

Bis zur Barockzeit eines der bedeutendsten und reichsten Klöster Bayerns

Hunderte von Bauernhöfen waren dem Kloster untertan, das Kloster betrieb selbst Steinbrüche, Fischzucht, Land- und Forstwirtschaft, eine Getreidemühle und nicht zuletzt eine Brauerei. Zwischen 1669 und 1683 gab es in Aldersbach sogar eine Hochschule für Theologie und Philosophie, die der Abt Malachias Niederhofer ins Leben gerufen hatte. Darüber hinaus war Aldersbach ein Prälatenkloster und hatte damit Sitz und Stimme in der politischen Vertretung des Landes. Die aus heutiger Sicht wichtigste Zäsur für das Kloster brachte das Jahr 1720, als mit dem Neubau der Klosterkirche Maria Himmelfahrt begonnen wurde. Die Zisterzienser waren auf dem Höhepunkt ihres Einflusses und scheuten deshalb weder Kosten noch Mühen, um mit der neuen Kirche eines der prächtigsten Sakralgebäude des Barock zu errichten. Doch wollten sich die Klosterherren damit nicht zufrieden geben:

Es folgten der Bau der Prunksäle wie der Modlersäle und insbesondere des Fürstensaales, die zur 600-Jahr-Feier des Klosters im Jahre 1746 eingeweiht werden konnten. Der Fürstensaal wird wegen seiner Fresken, die Szenen aus dem Alten Testament (u.a. aus dem Leben König Salomons) zeigen, auch Salomonsaal genannt. Auf König Salomon ist die alttestamentliche Weisheitsliteratur zurückzuführen, was an jenem Deckenfresko deutlich wird, das den Rechtsstreit zweier Frauen um ein Kind darstellt. Als das Kind auf Befehl des Königs zweigeteilt werden soll, verzichtet die eine Frau auf ihr Kind und beweist so, dass sie die wahre Mutter ist. Zu sehen sind außerdem die Einweihung des Tempels von Jerusalem, der Empfang der Königin von Saba durch Salomon, das Heilige Zelt mit Bundeslade, der siebenarmige Leuchter und der Tisch mit den Schaubroten. Weitere Fresken stellen die Verführung Salomons zum Götzendienst durch seine heidnischen Frauen und die biblische Weisheitsliteratur dar. Die Fresken aus dem Jahr 1745/46 werden dem Vilshofener Maler Andreas Math zugeschrieben. Heute finden in diesem Saal vor allem kulturelle Veranstaltungen statt.

Kurzer künstlerischer und wissenschaftlicher Glanz

1760 kam es dann zur Errichtung der Klosterbibliothek, die in künstlerischer und vor allem wissenschaftlicher Hinsicht in Bayern unerreicht war. Allerdings war es den Zisterziensern nicht lange vergönnt, sich in diesem Ruhm und Glanz zu sonnen, denn die Säkularisation von 1803 beendete auch hier das klösterliche Leben. Als am 21. März 1803 der Aufhebungskommissar dem Konvent unter Abt Urban Tremel die Aufhebung verkündete, stand ein blühendes Kloster mit 42 Mönchen nach beinahe sieben Jahrhunderten vor seinem jähen Ende. Während die Mönche

Ein wunderbares Ensemble: rechts die Brauerei, links das Kloster und dahinter die Kirche.

eine kleine Pension erhielten oder als Pfarrer in der Umgebung ein Unterkommen fanden, wurden die Bediensteten im wahrsten Sinne des Wortes brotlos. Die riesigen Besitztümer wie Fischteiche, landwirtschaftliche Anwesen, Wälder und das gesamte Mobiliar, die einst dem Kloster gehörten, wurden versteigert. Die über 40 000 Bände umfassende Bibliothek wurde aufgelöst. Handschriften, Inkunabeln sowie seltene Drucke kamen an die heutige Bayerische Staatsbibliothek nach München. Die restlichen Bücher, vornehmlich Drucke des 18. Jahrhunderts, gingen an die Universitätsbibliothek nach Landshut, der Vorgängerin der heutigen Universitätsbibliothek München, sowie das Gymnasium in Straubing. Die Amtsbücher und Akten wurden in das Bayerische Hauptstaatsarchiv verbracht. Die noch im Kloster verbliebenen Bücher wurden zum Kilopreis als Altpapier verkauft. Der bescheidene Erlös fiel dem Kurfürstentum beziehungsweise dem Königreich Bayern zu.

Herausragendes Ensemble, das ohne Mönch auskommen muss

Neun Jahre nach der Säkularisation hat dann Johann Adam Freiherr von Aretin die Brauerei und einen Großteil der Klostergebäude erworben. Im Laufe der Zeit mussten aus wirtschaftlichen Gründen immer wieder Immobilien und Teile des klösterlichen Grundbesitzes verkauft werden. Der im Jahre 1983 gegründete Förderkreis Kloster Aldersbach übernahm das Kloster schließlich von der Familie Aretin und machte es sich zur Aufgabe, die Gebäude des ehemals bedeutendsten Zisterzienserklosters in Bayern vor dem Verfall zu bewahren und einem zeitgemäßen Verwendungszweck zuzuführen – ein Vorhaben, das mittlerweile erfolgreich abgeschlossen ist. Die heutige Klosteranlage gliedert sich in den der Kirche gehörenden Pfarrbereich, den gastronomischen Bereich und in eine Bildungsstätte mit mehreren Seminarräumen. Die ehemaligen Mönchszellen werden als Gästezimmer genutzt, die anderen Räumlichkeiten, wie zum Beispiel der Modlersaal (ehemaliger Speiseraum des Abtes und seiner Gäste) stehen für Seminare, Schulungen und private Veranstaltungen zur Verfügung. Das Refektorium (Speisesaal) des Klosters dient heute als Festsaal der Brauerei Aldersbach

Führungen

Wer die gesamte Klosteranlage von Aldersbach mitsamt der Brauerei und einer Einkehr im Bräustüberl kennen lernen möchte, sollte einen halben Tag einplanen.

Dafür werden zwei verschiedene Führungen angeboten:
Brauerei und Kirche (Dauer ca. 60 Minuten, Gebühr: 9 Euro, inkl. einer Maß im Bräustüberl)
Brauerei (Dauer ca. 45 Minuten, Gebühr 8 Euro, inkl. einer Maß im Bräustüberl)
Reservierung:
Tel. 0 85 43 / 96 04 33
(Di. – Sa. 12 – 17 Uhr) oder per Mail unter klosterladen@aldersbacher.de

Nach barockem Vorbild neu angelegt: der Kräutergarten des Klosters.

und ist in das Bräustüberl integriert. Im früheren Schulgebäude ist heute das Rathaus untergebracht, die ehemaligen Ökonomiegebäude werden als Bauhof der Gemeinde genutzt, und im klösterlichen Krankenbereich befindet sich der örtliche Kindergarten. Pünktlich zur Eröffnung der Bayerischen Landesausstellung „Bier in Bayern" im Frühjahr 2016 präsentierte sich das Kloster Aldersbach wieder vollständig in seiner einstigen Pracht. Das ebenso behutsam wie mit großem finanziellen Aufwand renovierte Ensemble zählt zu den schönsten Klosteranlagen im gesamten süddeutschen Raum. Nur ein Ziel haben die Aldersbacher seit der Säkularisation bis jetzt noch nicht erreicht: die Wiederbelebung des klösterlichen Lebens. Von 1990 bis 2004 lebte mit Pater Stephan Holzhauser aus dem österreichischen Stift Zwettl zwar ein Zisterziensermönch in Aldersbach, ihm folgte bisher aber kein weiterer Mönch aus dem Gründerorden nach.

Erwarb im Jahre 1812 das Kloster Aldersbach mitsamt der Brauerei: Johann Adam Freiherr von Aretin.

Klosterkirche

Mit der Gründung des Klosters Aldersbach im Jahre 1146 wurde auch die Kirche Maria Himmelfahrt errichtet, die als schönste Marienkirche in Bayern gilt.
Im Laufe der Jahrhunderte wurde die Kirche insgesamt fünfmal umgebaut. Ihr endgültiges Aussehen im barocken Stil erhielt sie im Jahre 1720 unter dem italienischen Baumeister Domenico Magazini, der mit der Innenausstattung die berühmten Gebrüder Asam beauftragte. Erstmalig im bayerischen Raum malte Cosmas Damian Asam hier ein jochüberspannendes Fresko auf eine Langhausdecke. Stuckaturen von Egid Quirin Asam im Stil des beginnenden Rokokos zeigen Nachwirkungen des italienischen Barock.

Die unvergleichlich opulente Ausgestaltung des Kirchenraums wurde bisher nicht restauriert und ist somit im Originalzustand erhalten.
Die Deckenfresken stellen die Kirchenfeste im Jahreslauf dar mit der hervorgehobenen Rolle Marias im Erlösungswerk als Hauptthema. Im Westen beginnt die Erzählung mit Maria Verkündigung, im Osten folgt die Auferstehung Christi. Zentrales Element ist jedoch das sich über drei Joche erstreckende Fresko im Mittelschiff, das die Geburt Christi mit den betenden Hirten zeigt. Ein Muss für jeden Besucher ist es, dort die Schwalbe zu suchen, denn ein altes Sprichwort besagt: „Wer die Schwalbe nicht gesehen hat, hat Aldersbach nicht gesehen."

Die schönste Marienkirche Bayerns, ein Meisterwerk der Gebrüder Asam.

Der prunkvolle Hochaltar mit seinem baldachinartigen Aufbau auf gewundenen Doppelsäulen bildet den Höhepunkt des Saales – ein unvergleichliches Meisterwerk barocker Kunst. Von den 400 Engeln aus Stuck oder Holz, die sich im Kirchenschiff befinden, bilden im oberen Bereich des Hochaltars alleine 88 den Strahlenkranz um die Trinität.

400 Engel aus Stuck, eine Schwalbe und ein Kirchtrum von 1410

Im Zuge der Säkularisation im Jahre 1803 sollte die Marienkirche abgerissen werden. Die Einrichtung wurde billig verkauft, verschiedenstes Interieur in das benachbarte Vilshofen gebracht und die Kirche zeitweise als Pferdestall benutzt. Mit der Erhebung zur Pfarrkirche im Jahre 1806 wurde die Kirche dann aber gerettet.
Beachtlich ist der 68 Meter hohe Kirchturm, welcher 1410 erbaut wurde und seit 1755 in seiner heutigen Form das gesamte Klosterareal überragt.
Sehenswert ist auch die unmittelbar neben Maria Himmelfahrt erbaute Portenkirche mit ihrem von Heiligenfiguren geschmückten Vorplatz. Portenkirchen wurden in alten Zisterzienserklöstern am Tor zum Kloster, der porta, errichtet. Dort wurde für die Frauen, die weltlichen Bediensteten und die Menschen aus der Umgebung die hl. Messe gefeiert.

Feinste barocke Handwerkskunst: die Kanzel in der Klosterkirche.

„Wer die Schwalbe nicht gesehen hat, hat Aldersbach nicht gesehen.“

Übernachten im Kloster

Was den Mönchen einst eine heilige Pflicht war, ist in Aldersbach auch heute noch eine Selbstverständlichkeit: uneingeschränkte Gastfreundschaft. Und dazu zählt auch die Möglichkeit, dass jeder sein müdes Haupt betten kann – und zwar in den ehemaligen Mönchszellen, die gemütlich eingerichtet sind und alle über Dusche und WC verfügen.

Gästehaus im Kloster
Freiherr-von-Aretin-Platz 2
94501 Aldersbach
Tel. 0 85 43 / 91 84 -10
info@klosterhof-aldersbach.de oder
www.aldersbacher.de

Gleich neben dem Kloster befindet sich zudem der Gasthof Mayerhofer, der nicht nur eine sehr gute Metzgerei beherbergt, sondern auch ein 3-Sterne-Hotel mit 30 Zimmern mit Dusche, WC und TV sowie Sauna und Solarium.

Hotel-Gasthof Mayerhofer
Ritter-Tuschl-Str. 2
94501 Aldersbach
Tel. 0 85 43 / 96 390
hotel@mayerhofer.org
www.mayerhofer.org

Übernachten unter den aufwändig restaurierten historischen Gewölben des Klosters.

Sehenswürdigkeiten

Gerade mal eine halbe Stunde ist es von Aldersbach bis Passau, einer der schönsten Städte Bayerns. Gelegen am Zusammenfluss von Donau, Ilz und Inn erwartet den Besucher eine barocke Altstadt, die von italienischen Meistern im 17. Jahrhundert geschaffen wurde und in deren Zentrum sich majestätisch der Dom St. Stephan mit der größten Domorgel der Welt erhebt. Südöstlich von Aldersbach befindet sich Fürstenzell mit der ehemaligen Zisterzienserabtei und einer von barocker Pracht geprägten Klosterkirche, die ihrer stattlichen Größe wegen auch als Dom des Rottals bezeichnet wird. Nicht weit ist es auch zu den Thermen und Golfplätzen in Bad Füssing, Bad Griesbach und Bad Birnbach.

Und schließlich bietet sich natürlich ein Abstecher in den nahen Bayerischen Wald an: mit dem bei Freyung gelegenen Nationalpark und der Glasstraße, wo man die Glasmacherkunst hautnah erleben kann.

Lockt Besucher aus aller Welt an: die Drei-Flüsse-Stadt Passau.

Veranstaltungen

Neben einem vorzüglichen Bier steht Aldersbach auch für ein starkes Veranstaltungsprogramm. Klassische Volksmusik, schräge, neue bayerische Musik und Kabarett verteilen sich übers Jahr und bieten immer wieder aufs Neue einen Anlass, hierher zu pilgern. Nicht zu vergessen: Kaum ein Künstlername, der in Bayern etwas gilt, der nicht regelmäßig in Aldersbach auftritt. Vor allem das Refektorium, der ehemalige Speisesaal der Zisterzienser, bietet dafür den perfekten Rahmen. Ein fester Bestandteil im September ist auch der Internationale Volkmusiktag, bei dem sich Jahr für Jahr mehr als 400 Musiker und Tänzer auf dem Gelände der Brauerei die Ehre geben.

Freunde der Klassik kommen hingegen in der Klosterkirche auf ihre Kosten: Aldersbach ist ein fixer Spielort der Kulturwald Festspiele im Bayerischen Wald (Infos unter www.kulturwald.de). Darüber hinaus finden in der Kirche auch regelmäßig Konzerte mit geistlicher Musik statt (Infos unter www.aldersbach.de, Rubrik: Bürger, Unterrubik: Veranstaltungen). Und dann ist da noch Ende Mai das Bierwood-Festival, eine zweitägige Genussmesse, in deren Rahmen die bayerischen Klosterbrauereien sowie Vertreter der jungen Craftbeer-Szene einem immer größer werdenden Publikum zeigen, zu welchen Höchstleistungen sie im Sudhaus in der Lage sind.

Brauerei

Als das bayerische Reinheitsgebot im Jahre 1516 erlassen wurde, da hat man in Aldersbach schon seit knapp 250 Jahren Bier gebraut. Schließlich wussten auch die Klostergründer des Zisterzienser-Ordens, was gut schmeckt. Bereits 1268 wird der Brauereibetrieb durch einen Schiedsbrief des Grafen Albert von Hals urkundlich bezeugt. Damit gehört die Brauerei Aldersbach zu den ältesten Braustätten der Welt. In den ersten Jahrhunderten wurde das Bier von den Mönchen fast ausschließlich für den Eigenbedarf gebraut – der Wein war damals noch das vorherrschende Getränk in Bayern.

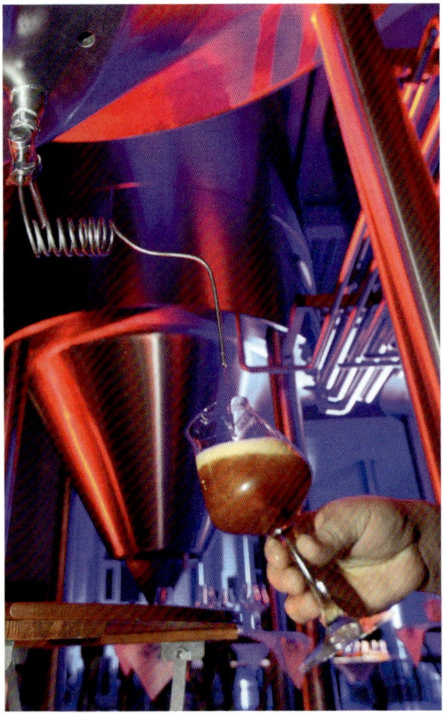

Brauerei Aldersbach: modernste Technik in historischen Mauern.

Im 16. Jahrhundert erfreute sich dann aber das Bier immer größerer Beliebtheit, deshalb vergrößerten auch die Aldersbacher Mönche die Brauerei und legten Hopfengärten an, bis die Säkularisation das Ende des florierenden Betriebs bedeutete. Im Jahre 1811 erwarb schließlich Johann Freiherr Adam von Aretin die Klosteranlage mitsamt der Brauerei, der er wieder zu wirtschaftlichem Erfolg verhalf.

Moderne Brauerei und historische Anlage unter einem Dach

Um 1900 erfolgte eine umfassende Modernisierung, unter anderem wurde die erste maschinelle Kühlung installiert. Im Jahr 1907 folgte dann die Abfüllung in Flaschen, und das mittlerweile vielfach prämierte Weißbier wurde in Aldersbach erstmals 1928 gebraut. Die Brauerei mit ihren 70 Mitarbeitern ist inzwischen seit über 200 Jahren im Besitz der Freiherrn von Aretin – heute leiten Georg Adam von Aretin und sein Sohn Ferdinand deren Geschicke. Und diese beiden haben in den vergangenen Jahren viel in die Modernisierung der Brauerei investiert – mit dem Ergebnis, dass in Aldersbach heute 13 verschiedene Biersorten (und eine ganze Reihe alkoholfreier Getränke) in einer hochmodernen, computergesteuerten Anlage gebraut werden. Dazu zählt auch eine gläserne Schaubraurerei, in der man im Rahmen von Workshops sein eigenes Bier brauen kann. Dort entstehen auch drei Premium-Craftbiere: das Kellerbier Rubin, der Weizenbock

und das Indian Pale Ale, allesamt streng limitiert und von ganz individuellem Charakter, als Beweis für die hohe handwerkliche Kunst der Braumeister. Rund 750 Jahre nach der Gründung der Brauerei herrscht hier nach wie vor der Geist der Innovation.
Darüber hinaus ist Aldersbach eine der weltweit ganz wenigen Brauereien, die über eine moderne und eine beinahe komplett erhaltene historische Brauerei unter einem Dach verfügen. Das alte Sudhaus ist hier ebenso erhalten und hervorragend restauriert wie Darre, Sudpfanne, Schrotmühle und die „Sau", wie jener Bereich in der Darre, der sich zwischen der Heizkammer und den Blechen zum Trocknen des Malzes befindet, von den Brauern früher wegen der sich dort entwickelnden „Sauhitze" genannt wurde.

Bräustüberl

So etwas wie das Aldersbacher Bräustüberl gibt es heute eigentlich nicht mehr: ein Ort weiß-blauer Gastlichkeit und Gemütlichkeit, an dem die Zeit offenbar stehen geblieben ist. Hier gibt es keine fesche Bedienung und auch keinen Ober – sein Bier holt man sich an der Schänke selber. Und Speisekarte? Fehlanzeige, denn hier bringt jeder seine Brotzeit von zu Hause mit, setzt sich an die Tische, und dann wird geteilt, mit Freunden wie Fremden. Alleine bleibt hier keiner lange, sofort kommt man ins Gespräch. Und wer ein Instrument hat, bringt es einfach mit. Wer musizieren will, der musiziert. Und wer singen will, der singt an diesem besonderen Ort, der einem das Gefühl gibt, in einem Bayern gelandet zu sein, wo es nur die Lederhose und keinen Laptop gibt.

Wer musizieren will, der musiziert: Im Aldersbacher Bräustüberl ist vieles anders, dort gibt es auch keine Bedienung, und seine Brotzeit bringt man selber mit.

BrauKulturKeller und gläserne Schaubrauerei

Ein absolutes Muss eines Besuchs in Aldersbach ist der BrauKulturKeller mit der gläsernen Schaubrauerei. Dort werden auch die Craftbiere des Hauses in kleinen Mengen gebraut: zum Beispiel das Kellerbier Rubin, der Weizenbock und das Indian Pale Ale, allesamt besondere Spezialitäten. Darüber hinaus dient der BrauKulturKeller auch als Ort für kulturelle Veranstaltungen und Degustationen von Bier und Speisen. Vor allem kann man hier aber auch im Rahmen von Braukursen sein eigenes Bier brauen. Termine und weitere Informationen unter Tel. 0 85 43/9 60 40.

Bei Kursen im BrauKulturKeller kann man sein eigenes Bier brauen.

Der Klosterladen

Hier findet man neben Aldersbacher Bieren ein breitgefächertes Sortiment an Geschenkartikeln – von den hochprozentigen Klosterspezialitäten bis hin zu Büchern, Kerzen, Dekorationsartikeln und sakralen Gegenständen. Öffnungszeiten: 12-17 Uhr oder nach Anmeldung für Gruppen.

Die Freiherrn von Aretin

Am 24. Juni 1706 wurde Johann von Aretin als Sohn des armenischen Kleinkönigs Bagdasar von Siounik und dessen Ehefrau Gogza aus dem Haus der Fürsten von Charabagh in Konstantinopel geboren. Im Alter von 63 Jahren wurde Johann durch Kurfürst Maximilian III. Joseph in den bayerischen Freiherrenstand erhoben. Sein Sohn Johann Adam Freiherr von Aretin begann im Alter von 16 Jahren ein Jurastudium an der Universität Ingolstadt, musste allerdings im Jahr 1785 die Universität und das Land wegen seiner Kontakte zum Illuminatenorden verlassen. Dennoch wurde er drei Jahre später in den Staatsdienst aufgenommen, wo er schnell Karriere machte. Beim Einmarsch der Franzosen im Jahr 1796 war er an der Flucht des Kurfürsten und der Regierung beteiligt. Schon zwei Jahre danach wurde er zum bayerischen Vizekanzler ernannt.

Ab 1802 war er als Generalkommissär für die Säkularisation in Bayern zuständig. Im Jahr 1812 erwarb er zunächst Schloss Haidenburg in Aldersbach und noch im selben Jahr das säkularisierte Kloster Aldersbach mit der Brauerei Aldersbach, die sich bis heute im Familienbesitz derer von Aretin befindet.

Führen in der 5. und 6. Generation die Brauerei Aldersbach: Georg Adam Freiherr von Aretin (re.) und Ferdinand Freiherr von Aretin.

Aldersbacher Bierspezialitäten

Aldersbacher Urhell

Eine klare, strohgelbe Farbe zeichnet dieses Helle aus. Feine Perlage und stabile Schaumkrone. Leichte Anklänge von Stroh und Weißbrot und ein dezenter, feinhopfiger Duft dominieren in der Nase. Ein Helles mit spritzigem Antrunk und samtigem Abgang und dazwischen sehr elegantem, fruchtbetontem Körper.

Stammwürze 11,4 %, Alkohol, 5,1 % vol.

Aldersbacher Kloster Weiße Hell

Satiniertes Goldgelb mit orangen Reflexen. Obenauf eine sehr stabile, strahlend weiße, feinporige Schaumkrone. In der Nase entfaltet sich ein feinhopfiger Duft mit leichten Zitrusnoten und Anklängen von Karamell. Am Gaumen überwiegen Frische und Frucht, sehr ausgewogen im Geschmack und dank der dezenten Kohlensäure ein Weißbier von großer Eleganz.

Stammwürze 12,5 %, Alkohol 5,5 % vol.

Aldersbacher Hoagarten Weiße

Passend zu den Hoagarten, die von September bis Januar an jedem Wochenende im Bräustüberl gefeiert werden. Dank des Weizen- und Aromamalzes wunderschön bernsteinfarben mit feinen Hefe- und Röstnoten.

Stammwürze 12,5 %, Alkohol 5,2 % vol.

Aldersbacher Kloster Dunkel

Leicht geröstete Karamellmalze sorgen für eine leuchtende Mahagonifarbe. Das cremige, haselnussbraune Schaumpolster thront mächtig im Glas. In die Nase steigen zarte Röstaromen mit einem Hauch von Karamell, die im Gaumen wohltuend abklingen und lange präsent bleiben. Der Hallertauer Hopfen begleitet den Abgang eindrucksvoll.

Stammwürze 12,5 %, Alkohol 5,3 % vol.

Aldersbacher Doppelbock Dunkel

Ein wahres Schwergewicht, das während der Starkbierzeit von Februar bis Ostern im Bräustüberl ausgeschenkt wird. Dunkles Mahagoni funkelt durch das Glas, betörende Röstaromen animieren zum ersten Schluck. Faszinierend und mit unglaublich dichter Aromatik registriert der Gaumen die Fülle der Karamell- und Röststoffe des Malzes. Wohl dosierter Hopfen begleitet dieses außerordentliche Geschmackserlebnis.

Stammwürze 18,5 %, Alkohol 7,5 % vol.

Ferdinand Freiherr von Aretin,
Direktor der Brauerei Aldersbach

Baumburg

Kloster Baumburg und Stiftskirche
Brauerei und Bräustüberl

SOLI DEO GLORIA

Kloster Baumburg

Das Kloster Baumburg verdankt seine Existenz einem Gelöbnis des Adligen Berengar von Sulzbach. Im Jahr 1105 hatte der fromme Graf seiner todkranken Frau Adelheid von Frontenhausen versprochen, zu ihrem Seelenheil und Begräbnis ein Stift zu errichten. Um 1107/09 löste Graf Berengar sein Versprechen an jener Stelle auf einem Hügel hoch über der Alz ein, wo bereits im frühen 11. Jahrhundert kurzfristig ein Kloster existiert hatte. Dieses Kloster sollte nach Wunsch Adelheids der Kirche St. Margarethen in Baumburg angegliedert werden. Berengar hatte bereits das Stift Berchtesgaden gegründet und sich am Reformkloster in Kastl beteiligt, ein weiteres Stift angemessen auszustatten ließen aber vermutlich weder Mittel noch Zeit des Grafen zu – Berengar war gerade heftig in die Kämpfe Heinrichs V. gegen dessen Vater, Kaiser Heinrich IV., verstrickt. Die Ministerialen, die mit ihm von Adelheid für die Klostergründung in die Pflicht genommen worden waren, drängten ihn aber laut einer „Baumburger Mitteilung" dazu, dem Gelöbnis endlich nachzukommen.

Augustiner Chorherren: der einsamen Wildnis entflohen

Er erweiterte Baumburg schließlich um die Gründungsgüter von Berchtesgaden und schaffte es so, wenigstens ein gut ausgestattetes Stift auf die Beine zu stellen. Berengar besetzte Baumburg mit Augustiner-Chorherren, die er zuvor aus Rottenburg berufen hatte, um das Stift Berchtesgaden zu errichten. Die Augustiner-Chorherren sind ein Zusammenschluss mehrerer katholischer Männerorden, die nach der Regel des Heiligen Augustinus von Hippo leben. Augustinus war neben Hieronymus, Ambrosius von Mailand und Papst Gregor dem Großen einer der vier lateinischen Kirchenlehrer der Spätantike und ein wichtiger Philosoph an der Schwelle von der Antike zum Mittelalter. Die Augustinusregel schreibt vor, dass das Leben in der Ordensgemeinschaft von

Liebe und Eintracht geprägt sein soll. Die Brüder sollen einander mahnen und über die Einhaltung der Regeln wachen.
Erster Baumburger Probst wurde der Augustiner-Chorherr Eberwin, der auch erster Probst des Klosterstifts Berchtesgaden war. Laut der „Fundatio monasterii Berchtesgadensis" hatten die Augustiner „die einsame Wildnis Berchtesgadens, den schreckenerregenden Bergwald und das entsetzliche Erlebnis von ständigem Eis und Schnee" als sehr unwirtlich empfunden und deshalb nach einem geeigneteren Platz gesucht. Berengar besetzte Baumburg mit Augustiner-Chorherren, die er zuvor aus Rottenburg berufen hatte, um das Stift Berchtesgaden zu errichten.

Strenges Klosterleben und eine Schule für die Söhne des regionalen Adels

So galt Berchtesgaden, gegen den Willen des adligen Stifters Berengar, als bloße Filiale von Baumburg. Erst durch den Schiedsspruch Erzbischof Konrads I. von Salzburg von 1136 und dessen Bestätigung durch Papst Innozenz II. im Jahr 1142 wurden die beiden Stifte getrennt. Auf Eberwein, der 1121 wieder in Berchtesgaden nachweisbar ist, folgte bis 1163 Gottschalk als Propst des Stifts Baumburg. In seiner Amtszeit wurde 1129 eine Nikolauskirche geweiht und bis 1156 die Basilika St. Margareta erbaut. Dort liegt seither die Stifterin Adelheid begraben.

Von Anfang an hatten Chorherrenstifte seelsorgliche, kulturelle und soziale Aufgaben zu erfüllen. Strenges Klosterleben, Gottesdienst, beispielhafte Seelsorge und wissenschaftliche Betätigung verschafften den Regularkanonikern die Bewunderung der kirchlichen Obrigkeit und des christlichen Volkes. Die Bedeutung des Stifts Baumburg für den Chiemgau zeigte sich im 13. Jahrhundert in seiner Schule, die überwiegend von Söhnen des in der Region

Seit Jahrhunderten das gleiche Bild: der Kirchturm blankes Mauerwerk, das Kirchenschiff dagegen in leuchtenden Farben.

ansässigen Adels besucht wurde. Ein weiterer Höhepunkt der Entwicklung war ab 1367 das Recht der Pröpste zum Führen eines Abtstabes.

Von der Reformation ganz schön gebeutelt

Wie andere Stifte erlebte auch Baumburg im 15. Jahrhundert einen religiösen und wirtschaftlichen Niedergang. Mit einer tief greifenden Reform wirkte Propst Caspar Ebenhauser dem Zerfall des Stifts entgegen. Mit der Verleihung der Pontifikalien wie Mitra und Krummstab im Jahre 1446 wurden seine Mühen belohnt. Die Basilika und die Stiftsgebäude wurden im Stil der Gotik umgestaltet und zum Teil neu gebaut.

Die Ideen der einsetzenden Reformation blieben auf die Baumburger Chorherren aber nicht ohne Wirkung. Die Ordenszucht verfiel erneut, und viele Kanoniker verließen das Stift. Wiederholt wurde Baumburg nun sogar unter Administration gestellt. Mehrfach verwüsteten Brände das Stift, in dem im Jahr 1579 nur noch drei Kanoniker wohnten. Dennoch ließ Propst Stephan Toblhamer 1564 ein pavillonartiges Sommerschlösschen bauen. Dieser Bau diente dann ab dem 17. Jahrhundert als Sitz des Stiftsgerichts.

Imposantes Ensemble: die ehemaligen Klostergebäude schmiegen sich an die Kirche.

Die Klosterstifter: Berengar von Sulzbach und Adelheid von Horburg-Lechsgmünd.

Mit dem Ende des 16. Jahrhunderts entfaltete Baumburg neues Leben. Die Stiftsschule genoss wie im Mittelalter wieder einen guten Ruf beim Adel. Auch die Zahl der Kanoniker nahm zu. Um 1796 lebten 40 Chorherren in Baumburg.

Folgenschwere Säkularisation: Das Kloster unterm Hammer

Die barocke Umgestaltung des Stifts begann dann unter den Pröpsten Urban Stamler und Johann Zehentner zu Beginn des 17. Jahrhunderts mit einer Renovierung der mittelalterlichen Kirche. Die Pröpste Michael Doegger und Patritius Stöttner veranlassten schließlich Um- und Neubauten der Stiftsgebäude.

Am 22. März 1803 wurde dem letzten Propst, Franz Lindemann, die Aufhebung des Stifts mitgeteilt. Bis 1812 wurden Stifts- und Wirtschaftsgebäude sowie die vielen stiftseigenen Grundstücke versteigert. Die Stiftskirche diente fortan als Pfarrkirche von Altenmarkt. Die meisten Konventgebäude wurden abgerissen. Lediglich der Gartentrakt, Teile der Wirtschaftsgebäude und des ehemaligen Brauhauses blieben erhalten. Seit 1910 dient ein Flügel der Anlage als Pfarrhof, ein anderer war lange Zeit ein Erholungsheim der Englischen Fräulein. Heute ist in Baumburg zudem ein privat betriebenes Seminarhotel untergebracht, das von Chören und Orchestern gerne genutzt wird.

Mächtig thront sie über dem Tal der Alz: die Baumburger Klosteranlage.

Klosterkirche

Wer sich der Baumburger Klosterkirche nähert, der ist unweigerlich beeindruckt von der aus Tuffquadern errichteten romanischen Westfront. Man ist aber auch etwas verwirrt, weil das heutige Erscheinungsbild doch sehr ungewöhnlich ist, schließlich erhielten die beiden Kirchtürme im Laufe der Jahrhunderte nicht nur Zwiebeltürme aufgesetzt, man hat darüber hinaus auch noch eine Vorhalle im Stil des Rokoko angefügt.

Die erste Stiftskirche an dieser exponierten Stelle über dem Zusammenfluss von Alz und Traun, eine dreischiffige romanische Basilika, wurde im Jahr 1156 geweiht; davon zeugen heute noch die beiden mächtigen Türme. Die barocke Umgestaltung begann um 1600 mit einer Renovierung der mittelalterlichen Kirche; dabei erhielten die Türme ihre charakteristischen Zwiebelhauben. Nach dem Neubau der Klostergebäude wurde zum 600-jährigen Weihejubiläum der Umbau der Kirche im Stil des Rokoko beschlossen. Die romanische Basilika wurde dabei bis auf die Grundmauern abgetragen und als einschiffige Wandpfeilerkirche neu errichtet. Der Baumeister Franz Alois Mayr aus Trostberg stattete die heutige Kirche St. Margareta im Stil des Rokoko mit filigranen Stuckarbeiten und Fresken aus, unterstützt wurde er dabei von Stuckateuren aus Wessobrunn.

In diesem Rahmen wurde an der Westfassade auch die Vorhalle mit der Kirchenpatronin Margareta über dem Portal angebaut.

Barocke Pracht und opulente Ausstattung prägen das Kirchenschiff.

Das Innere der Kirche fasziniert mit barocker Pracht und opulenter Ausstattung, über der ein gewaltiges Deckenfresko von Felix Anton Scheffler, einem Münchner Asam-Schüler, thront: gewidmet dem hl. Augustinus und seinem Orden.

Himmlisches Konzert: König David spielt auf der Harfe

Das Gemälde über der Sängerempore zeigt ein himmlisches Konzert: König David auf der Harfe spielend, daneben der siebenarmige Leuchter und die Bundeslade, dahinter eine Gruppe singender und musizierender Engel. Das vordere Deckengemälde über dem Presbyterium erzählt die Entstehungsgeschichte der Kirche, und der Hochaltar erweist jenen Männern und Frauen die Reverenz, denen Baumburg seine Gründung zu verdanken hat: Adelheid von Möglingen (links vom Tabernakel) heiratete Marquart von Marquartstein (rechts außen), der seiner Gemahlin am Totenbett auftrug, in Baumburg eine Kirche mit Kloster zu erbauen. Kurz darauf vermählte sich Adelheid mit dem reichen Ulrich von Passau (rechts vom Tabernakel), aber erst ihr dritter Mann, Berengar von Sulzbach (links außen), erfüllte nach ihrem Tod das Gelübde. Die Überführung der Gebeine von Adelheid im Jahr 1156 – zur Einweihung der romanischen Basilika – in die Gruft vor dem Hochaltar ist auf dem Deckengemälde dargestellt. Und hier ist auch der energisch dreinblickende Propst Joachim Vischer verewigt, der die vormals romanische und gotische Kirche im Rokokostil umbauen ließ.

Lebendige Darstellung: Die Baumburger Fresken zeugen von der Üppigkeit des Rokoko.

Das große Altargemälde des Augsburger Malers Joseph Hartmann stellt in seinem oberen Teil die hl. Margareta dar, wie sie von Christus empfangen wird. Unter der Heiligen stürzt, von einem Engel gestoßen, Satan in Gestalt eines Drachens in die Tiefe. Im Hintergrund ist die Enthauptung der hl. Margareta vor einer Götzenstatue dargestellt. Rechts unten rufen Alte und Kranke die Heilige um ihre Fürbitte an. Von links kommen König Ludwig XIV. von Frankreich und seine Gemahlin mit dem von der hl. Margareta erflehten Thronerben auf dem Arm. Der Grund für diese ungewöhnliche Szene ist die Bitte des bayerischen Kurfürsten Max III. Joseph, der 1756 Baumburg besuchte und um die gleiche Gnade bat, die ihm aber nicht zuteil wurde. Interessant sind schließlich auch noch die Seitenaltäre und die vielen Grabsteine, die in die Wände eingelassen wurden.

Seit wann genau in Baumburg Bier gebraut wird, lässt sich nicht mit Bestimmtheit sagen. Zwar gilt 1612 als offizielles Gründungsjahr, aber man geht davon aus, dass dort wohl auch schon um 1400 eigener Gerstensaft in die Krüge floss. Denn historisch verbrieft ist, dass die Augustiner-Chorherren seit jeher gebraut haben. Und dann gibt es ja noch die Baumburger Bierzech' vom 28. April 1406. Verkaufen durften die Chorherren ihr Bier eigentlich nicht, nur das Brauen zum Eigenbedarf war gestattet. Dennoch schrieben sie offensichtlich Rechnungen. So wurde mit der Bierzech dem Klostertafernwirt Kaspar Haitenthaler „pier zu ain pfund pfennig" in Rechnung gestellt. Zumindest scheinen nach der Fastenzeit die Restbestände gewinnbringend an den Mann gebracht worden zu sein. Wobei Eigenbedarf gerade in der Fastenzeit in Baumburg schon eine Hausnummer gewesen sein dürfte.
Um die 200 Menschen waren im Stift zu versorgen. Kloster, Heim, Schule und die Altenmarkter Waffen- und Nagelschmiede.

Der lange Weg zu einem „bekömlich pier"

Ab 1612 – also in der Amtszeit von Probst Urban Stamler – durfte das Bier dann verkauft werden. Der Zeitpunkt gilt deshalb auch als offizielles Gründungsjahr der Brauerei. Allerdings war der Probst, der

Klein, aber fein: das Sudhaus der Baumburger Brauerei.

sowieso eher als Weintrinker galt, mit der Qualität des Gebräus wenig einverstanden. Der Braumeister ersuchte deshalb um Unterstützung aus dem Kloster Andechs, deren Brüder für ihr „bekömlich pier" bekannt waren.Der Probst war von der Idee, sich von einem Benediktiner helfen zu lassen, zwar nicht sonderlich angetan, aber notgedrungen erteilte er dafür die hochoffizielle Erlaubnis. Die Bemühungen des Andechser Bruders Meinrad, den Augustiner-Chorherren das Bierbrauen beizubringen, waren indes auch nicht unbedingt von Erfolg gekrönt. Die wollten sich von einem minderen Benediktiner einfach nicht sagen lassen, wie man „pier praut". Nach fünf Jahren jedenfalls kehrte Meinrad entnervt nach Andechs zurück. Kaum war er aber weg, machte es den Augustinern plötzlich nichts mehr aus, sich an die Vorgaben des Benediktiners zu halten. Mälzen und Sieden bei gleichbleibender Temperatur, Ofen und Kessel nicht überheizen – die Brauer beherzigten endlich das, was ihnen Meinrad fünf Jahre lang gepredigt hatte. Resultat: Die Baumburger hatten endlich ihr „bekömlich pier".

Hohe Schulden und hohe Lage: schwere Zeiten für Baumburg

In den folgenden zwei Jahrhunderten erlebte Baumburg ein stetes Auf und Ab, vor allem der Umbau des Klosters riss gewaltige Löcher in die Kasse. Mitte des 18. Jahrhunderts hatte sich ein Schuldenberg von 120.000 Gulden – heute etwa 6 Millionen Euro –

Spezialitäten

Sie heißen Traudi, Sopherl, Josefine, Heidi und Berta. Und sie stecken alle in kleinen Falschen à 0,33 Liter: die Baumburger Spezialbiere. Dabei handelt es sich durchweg um besonders kräftigen Stoff: Bock, Doppelbock oder der Eisbock, wobei hier dem ohnehin schon starken Bier durch Gefrieren auch noch Wasser entzogen und somit die Aromakonzentration erhöht wird.

Sopherl, Traudi, Berta: starker Stoff in kleinen Flaschen

Neben dieser Linie haben die Baumburger auch noch ganz normalen Bock im Angebot, der es in sich hat und bei dem internationalen Wettbewerb um den European Beer Award regelmäßig ausgezeichnet wird. Und mit dem Baumburger Stopfbock aus fünf Hopfensorten gibt es noch eine weitere, ganz selten anzutreffende Spezialität. Bei einem Stopfbock erfolgt nach der Hauptgärung eine weitere Zugabe von besonders aromatischen Hopfensorten, die dann wiederum für einen außergewöhnlich intensiven Geschmack sorgt.

aufgetürmt. Weil es so nicht weitergehen konnte, wurde den Chorherren 1780 von der Regierung in Burghausen acht Monate lang der Klosterwirt Anton Lechner als Interimsadministrator vor die Nase gesetzt. Dem wurde erstmals eine einwandfreie Kassenführung bestätigt. Als wenig später das Kloster im Zuge der Säkularisation auflgeöst wurde, kam auch der Braubetrieb gänzlich zum Erliegen, nur das im Keller gelagerte Bier durfte verbraucht werden. Die Brauerei sollte verkauft werden, doch die Lage hoch über dem Tal mit der schwierigen Wasserversorgung und dem einfachen Keller schreckte potenzielle Käufer ab.

Im Februar 1804 erwarb schließlich der Kurfürstliche Hofkammerassessor Franz Joseph von Röckl die Brauerei, er erwies sich jedoch rasch als unfähig, den Betrieb zu führen. Zehn Jahre später übernahm der Wirt Michael Widl aus dem nahen Altenmarkt die Brauerei. Nach Widls Tod heiratete seine Witwe den Kaufmann Ludwig Niggl aus Bad Tölz, dessen Sohn Ludwig letztlich die Brauerei und das Wirtshaus erbte. Als Maria, die einzige Tochter des jungen Niggl, 1873 den Mühlenbesitzersohn Johann Dietl aus Abensberg heiratete, wurde jene Dynastie begründet, die bis heute fortbesteht.

Goldgelbe Farbe und eine mächtige Schaumkrone: Dominik Trapper ist mit der Fassprobe zufrieden.

Baumburg und die Dietls – eine Erfolgsgeschichte seit 1873

Landwirtschaft und Brauerei wurden behutsam modernisiert, und das Helle und das Dunkle aus Baumburg fanden rasch einen immer größer werdenden Freundeskreis. Ein Bierkeller, im Tal in den Auberg getrieben und noch von Ludwig Niggl 1840 mit einem Sommerlokal versehen, trug wesentlich zur verbesserten Bierqualität nach längerer Lagerzeit bei. Nach Johann Dietl übernahm sein Sohn Hans 1913 das Erbe, auf den 1933 Ludwig Dietl in der dritten Generation folgte. Nach dessen fast 40-jähriger Regentschaft folgte 1972 der heutige Besitzer Ludwig Dietl nach. Führungen durch die Brauerei werden an jedem Mittwoch und Donnerstag angeboten, Anmeldungen sind unter Tel. 0 86 21 / 98 26 35 möglich.

Bräustüberl

Mit seiner Holzvertäfelung, den langen Tischen und Bänken repräsentiert das Baumburger Bräustüberl den Urtypus weiß-blauer Gastlichkeit. Und das bereits seit der ersten urkundlichen Erwähnung im April 1406, wobei seither das Interieur schon öfter gewechselt hat. Allerdings herrscht hier doch große Beständigkeit vor, was man schon daran sieht, dass die Wirtsfamilie Schuhbeck bereits seit über 25 Jahren für volle Gläser und Mägen sorgt. Natürlich dürfen in einem Bräustüberl Schweinsbraten, Surbraten und Kalbsbraten nicht fehlen, allerdings gibt es diese geschmorten Köstlichkeiten nur an Sonn- und Feiertagen sowie auf Bestellung.
Ansonsten haben die Gerichte hier einen alpenländisch-mediterranen Einschlag wie die Scheiberl von der Languste, die mit Jakobsmuscheln und Garnelen auf den Teller kommen, das Schweinefilet mit Marillen-Balsamico-Sauce oder das Zanderfilet mit schwarzen Honiglinsen und Pistaziensauce. Ein Muss zum Dessert: die Buchteln mit Vanillesauce. Geöffnet hat das Bräustüberl täglich von 10.30 bis 22 Uhr, am Sonntag zum Frühschoppen bereits ab 10 Uhr.

Übernachtung

Im Kloster gibt es zwar ein Seminarhotel, das aber ausschließlich Buchungen von Gruppen entgegennimmt. Nicht weit vom Kloster entfernt, auf der anderen Seite der Alz, findet sich aber mit dem Hotel Angermühle eine komfortable Übernachtungsmöglichkeit. Die Einzel-, Doppel- und Dreibettzimmer verfügen alle über Dusche, WC, TV und W-LAN (DZ ab 100 Euro)

Hotel Angermühle
Angermühle 1
83352 Altenmarkt
Tel. 0 86 21 / 98 470
hotel@hotel-angermuehle.de
www.hotel-angermuehle.de

Wer eine Viertelstunde mit dem Auto nicht scheut, wird im Garnihotel Chiemsee-Pension Seebruck mit einer traumhaften Lage direkt am Chiemsee belohnt. Die 23 Zimmer sind elegant, modern und mit sehr viel Geschmack eingerichtet, natürlich inklusive WC, Bad, barrierefreier Dusche, Flat-TV und W-LAN (DZ ab 108 Euro)

Chiemsee-Pension Seebruck
Römerstr. 25
83358 Seebruck
Tel. 0 86 67 / 16 95 036
info@ chiemsee-pension-seebruck.de
www.chiemsee-pension-seebruck.de

Sehenswürdigkeiten

Baumburg, ein Ortsteil von Altenmarkt an der Alz, liegt in einer der schönsten Regionen von Bayern: Sanft wellen sich die Hügel in sattem Grün, und im Süden lacht das Alpenmassiv herüber. Und nur ein paar Kilometer sind es bis zum Chiemsee, um den sich so herrlich wandern oder mit dem Rad fahren lässt. Ein Abstecher auf die Insel Herrenchiemsee mit dem Märchenschloss von Ludwig II. und auf die Fraueninsel mit dem Kloster Frauenwörth sind hier einfach ein Muss. Nicht weit ist es auch bis Wasserburg mit seiner mittelalterlichen Altstadt, die auf einer vom Inn fast vollständig umflossenen Halbinsel liegt. Auf halbem Weg nach Wasserburg ist das Museum für deutsche Automobilgeschichte in Amerang mit seiner stattlichen Zahl an Oldtimern ebenfalls einen Besuch wert.

Im Rahmen eines Tagesausflugs leicht zu bewältigen ist ferner ein Besuch in Burghausen: Die einmalige Lage an der Salzach, dem Grenzfluss zwischen Deutschland und Österreich, sowie die über der fein herausgeputzten Altstadt thronende Burg, mit 1051 Metern die längste Burganlage der Welt, lohnen auch einen längeren Aufenthalt.

Wahrzeichen von Burghausen: die längste Burganlage der Welt.

Veranstaltungen

Auch wenn das Kloster Baumburg im Zuge der Säkularisation aufgelöst wurde, so wird dort doch die klösterliche Tradition als ein Ort der Kultur fortgeführt. Seit vielen Jahren findet dort schon der Baumburger Kultursommer mit Konzerten, Open-air-Kino und vielen weiteren Veranstaltungen statt (Infos unter www. baumburger-kultursommer.de).
Außerdem wurde im historischen Gutshof eine Galerie errichtet, in der Künstler aus der Chiemseeregion ihre Arbeiten ausstellen. Darüber hinaus haben die Baumburger in Zusammenarbeit mit Veranstaltungsorganisator Muk Heigl im Jahr 2014 im und um den Gutshof den Markt Kunst und Handwerk (KUH) sowie den Bayropäischen Vorweihnachtsmarkt ins Leben gerufen. Hier verkaufen außergewöhnliche Kunsthandwerker nicht nur ihre Erzeugnisse, sie lassen die Marktbesucher an ihrem Handwerk teilhaben, stehen Rede und Antwort und geben ihre Begeisterung für überlieferte Handwerkstraditionen weiter.
Und im Mai 2017 wird der erste Baumburger Klostermarkt stattfinden, bei dem Vertreter aus bayerischen und österreichischen Klöstern ihre Spezialitäten anbieten.

Der Mann im Hintergrund

Ludwig Dietl ist ein Mann, der das Rampenlicht bisweilen scheut und dafür seine Leute nach vorne schickt. In der nunmehr vierten Generation steht er an der Spitze der Baumburger Brauerei, angetreten, das Vermächtnis seiner Ahnen fortzuführen. Seit er 1972 die Leitung des Betriebs übernahm, hat sich Ludwig Dietl immer wieder als einer erwiesen, der weit über den Tellerrand hinausblickt.
Schon 1978 hat er das Vertrauen der Altenmarkter Bürger gewinnen können: Über 20 Jahre gehörte er dem Gemeinderat an, amtierte zwölf Jahre als 2. Bürgermeister und war ebenfalls zwölf Jahre lang Mitglied des Kreistags in Traunstein.
Und er ist einer, der sich von seinen Leuten überzeugen lässt. Das war schon 1982 so, als die Sudanlage erneuert wurde und Dietl mit dem Braumeister Peter Schöne einen Meister seines Fachs eingestellt hatte. Entgegen der bisherigen Meinung, Braunbier und Weißbier könnten nicht in einem gemeinsamen Brauhaus hergestellt werden, überzeugte Schöne seinen Chef, indem er ein hervorragendes Hefeweißbier kreierte.
Heute setzt Dietl vor allem darauf, dass die Baumburger ihr Bier im Einklang mit der Natur erzeugen. Bestes Beispiel: Weil die Baumburger keine eigene Landwirtschaft mehr betreiben, wurde Landwirt Martin Parzinger aus dem Weiler Salit dafür gewonnen, die Braugerste für das Malz auf den Baumburger Feldern anzubauen und so die alte Tradition fortzuführen und die regionale Wirtschaft zu stärken. Beim Hopfen müssen die Baumburger auf die Holledau zurückgreifen, und fürs Wasser können sie nichts: das fließt so weich und nitratarm aus der Leitung, das es zur Herstellung von Säuglingsnahrung geeignet ist.
Apropos Wasser: Ludwig Dietl weiß, dass ihn die Natur für die Baumburger Biere reich beschenkt, und deshalb will er ihr etwas zurückgeben. So wird etwa die Brauerei mit Strom aus dem eigenen Wasserkraftwerk versorgt. Darüber hinaus engagiert sich Dietl stark für die Wiederansiedlung der Äsche in der Alz und die Renaturierung der Alzauen. Und mit den Biomarktfesten, die von seiner Brauerei regelmäßig veranstaltet werden, will Dietl einen Beitrag leisten, um die Konsumenten für heimische Erzeugnisse zu sensibilisieren.

Weiter Blick über den Tellerrand hinaus: Baumburg Chef Ludwig Dietl.

Baumburger Bierspezialitäten

KlosterWeiße

Der Baumburger Klassiker aus 60 % Weizen- und 40 % Gerstenmalz, wobei beide Getreidesorten direkt aus der Region stammen. Die natürliche Hefetrübung durchbricht die strohgelbe Farbe des Bieres mit seinem lang anhaltenden cremigen Schaum. Leichte fruchtige Noten mit einem angenehmen Geschmack von frischer Hefe und ein ausgeprägtes Weizen- und Nelkenaroma.
Stammwürze 11,5 %, Alkohol, 4,8 % vol.

Baumburger Pils

Sehr frisches, unfiltriertes Pils aus bayerischem Aromahopfen (Hallertauer Perle und Spalter Select) und regionalem Gerstenmalz. Im Geruch viel frischer Hopfen und leichte Zitrusnoten; am Gaumen sehr milde Bittere und ein eleganter, schlanker Körper mit Anklängen von grünem Gras und dezent blumigen Noten.
Stammwürze 11,5 %, Alkohol 4,8 % vol.

Export Hell

Ein klassisches Export, eingebraut mit ausschließlich aus Baumburg stammendem Gerstenmalz. Durch die kalte Gärführung und die lange Lagerzeit bei 0 C° gerät es sehr fein und bekömmlich. Und: Erst nach einer Lagerzeit von mindestens sechs Wochen wird es filtriert und abgefüllt. Das Ergebnis: ein sehr stabiler Schaum, angenehme Karamellnoten, Zitrusnoten und nicht zu herbe Bittere.
Stammwürze 12,5 %, Alkohol 5,2 % vol.

Baumburger Chorherrenbock

Gebraut aus speziell ausgewählten Malzsorten, entsteht ein ganz besonders ausgewogener dunkelbrauner Bock mit rubinfarbenen Reflexen. Intensiv ausgeprägte Malztöne mit einer leicht kaffee-karamelligen Note prägen den Charakter; die Röstaromen werden durch zarte Rosinen- und Schokoladennoten ausbalanciert. Milde, im Haupttrunk unaufdringliche und im Abgang angenehme Bittere.
Stammwürze 16,8 %, Alkohol 6,8 % vol.

Baumburger Stopfbock

Gebraut aus einer individuellen, geheim gehaltenen Mischung aus fünf Hopfensorten, entsteht ein sattgoldenes Starkbier. Im Duft fruchtig-feinwürzige Hopfenaromen, gepaart am Gaumen mit tiefgründigen Malznoten und eleganter Perlage. Passt hervorragend zu Brotzeit und Dessert, aber auch zu mildem Käse, zur Pasta und zu Kalbfleisch.
Stammwürze 16,8 %, Alkohol 6,8 % vol.

Braumeister Andreas Goblirsch (li.)
und Geschäftsführer Dominik Trapper

KLOSTER
BAUMBURG

Ettal

Kloster Ettal und Stiftskirche
Brauerei und Klosterhotel

Kloster Ettal

Es entbehrt nicht einer gewissen Ironie, dass eines der prächtigsten bayerischen Barockklöster seine Gründung ausgerechnet einem Herrscher verdankt, der von der Kirche in Rom mit einem lebenslangen Bannstrahl belegt war. Als der aus dem Hause Wittelsbach stammende Ludwig der Bayer, der seit 1314 als römisch-deutscher König regierte, in Norditalien einmarschierte, kam es zu einem heftigen Konflikt mit dem Papsttum, der 1324 schließlich in der Exkommunikation des Herrschers mündete. Das hinderte Ludwig, der sich inzwischen zum Kaiser im Heiligen Römischen Reich krönen ließ, aber nicht daran, am 28. April 1330 im idyllischen Tal der Ammer die Benediktinerabtei Ettal zu gründen.

Allerdings ist davon auszugehen, dass dies nicht alleine aus Gründen des Seelenheils geschah, sondern Ludwig damit auch den direkt vor dem Kloster vorbeilaufenden Handelsweg von Augsburg nach Verona sichern wollte. Dafür spricht die belegte „Ritterregel" für das Kloster von „neuer und unerhörlicher Art" (lat. monasterium nove consuetudinis et acentus inaudite), das neben einem Mönchskonvent auch ein Ritterkonvent mit zwölf Rittern beherbergte.

Marienbild aus Pisa und eine Ritterakademie für die Söhne des Adels

Als bedeutendsten Andachtsgegenstand überließ Ludwig dem Kloster mit der Gründung ein Marienbild, das der Kaiser aus Pisa mitgebracht hatte. Die Ettaler Madonna wurde vor allem im 17. und 18. Jahrhundert zu einem beliebten Ziel von Wallfahrern, was die Abtei rasch zu einem der bedeutendsten Benediktinerklöster im gesamten Alpenraum werden ließ. Als nach dem Tod des Kaisers im Jahre 1347 dem jungen Kloster ein Teil seiner Besitzungen und Rechte entzogen wurde, führte dies aber schon bald zum Ende des Ritterkonvents. Nur unter großen Schwierigkeiten konnte sich das Benediktinerkloster in der Folgezeit behaupten. Auch nach der Konsolidierung Ende des 14. Jahrhunderts blieb Ettal zunächst eine personell kleine und unbedeutende Abtei. Hinzu kam, dass die Truppen des Kurfürsten Moritz von Sachsen das Kloster in den Wirren der Reformation im Mai 1552 schwer beschädigten. Seine heutige Bedeutung verdankt das Kloster dem Abt Placidus Seitz, der im Jahr 1710 eine Ritterakademie in Ettal gründete. Diese Ritter hatten natürlich nichts mehr mit jenen zu tun, die Ludwig der Bayer am Kloster ansiedelte, es handelte sich vielmehr um die Söhne von Adeligen, und die Akademie war eine Bildungsanstalt. Für Ettal bedeutete dies zugleich den Beginn der Schultradition, die bis heute anhält, denn in den Klostermauern befindet sich nicht nur ein Gymnasium, sondern auch ein Internat.

In der Zeit, als sich die Ritterakademie zu einer der bedeutendsten höheren Schulen entwickelte, verfügte das Kloster über bescheidenere, mit der heutigen Anlage nicht mehr zu vergleichende Ausmaße und Gebäude.

Ein Omen? Das Kloster brennt, aber nicht die Brauerei

Als im Jahr 1744 das Kloster und die Kirche einem verheerenden Brand zum Opfer fielen (erstaunlicherweise blieb die Brauerei davon verschont), war dies für die Benediktiner zwar mehr als schmerzlich, doch dieses Unglück bot der klösterlichen Gemeinschaft mitten in der Blütezeit des Barock aber auch eine riesige Chance, jenen Neubau zu verwirklichen, der heute ein großer Touristenmagnet ist. Und die Benediktiner hatten in dieser schweren Stunde gewissermaßen doppeltes Glück:

Winteridyll: die Klosterbasilika inmitten der Ammergauer Alpen.

Kloster Ettal

Zwischen 1706 und 1714 lebte der gebürtige Schweizer Enrico Zucalli im Kloster Ettal, für das er ab 1710 die Fassade der Klosterkirche erneuerte sowie Pläne für die Kuppel entwarf. Nach dem Tod Zucallis im Jahre 1724 beauftragten die Ettaler letztlich den Baumeister und Stuckateur Joseph Schmuzer, der gerade im nahen Oberammergau eine prächtige Barockkirche errichtet hatte, mit der Umsetzung der Pläne des genialen Schweizers.

Die Regel des hl. Benedikt: in Ettal beispielhaft umgesetzt

Entstanden ist schließlich eine Klosteranlage ganz im benediktinischen Geist des „ora et labora", des Betens und Arbeitens, in deren Zentrum sich die Basilika mit ihrer mächtigen Kuppel erhebt. Der hl. Benedikt hatte bereits in seiner Regel bestimmt, dass Klöster so anzulegen seien, dass sich alles Notwendige innerhalb der Klostermauern befinde. Ettal ist dafür ein Musterbeispiel, zumal hier

Die Basilika und damit der Gottesdienst stehen im Mittelpunkt des klösterlichen Lebens.

die architektonische Konzeption mit der zentral positionierten, markanten Kuppel der Klosterbasilika deutlich macht, dass trotz allem Bekenntnis zur Arbeit der Gottesdienst im Mittelpunkt des klösterlichen Lebens der Benediktiner steht. Dies kann man an den drei Höfen nachvollziehen, die sich um die Kirche gruppieren.
Im großen Innenhof vor der Kirche sind im Südflügel Schule, Buchhandlung, Klosterladen und Klosterverwaltung untergebracht, im West- und Nordflügel befinden sich die Räume des Internats. So ist der Hof einerseits der imposante Zugangsbereich für die Besucher der Basilika, andererseits aber auch der mit Leben erfüllte Pausenhof für die Schüler. Um den links neben der Kirche gelegenen

Führungen
Die Klosterbasilika ist in den Wintermonaten von 8 – 18 Uhr und in den Sommermonaten von 8 – 19.45 Uhr geöffnet. Der Eintritt ist frei. Gruppenführungen werden nach Voranmeldung angeboten. Neben der Basilika können auf Wunsch auch die Klosterbrauerei und die Klosterdestillerie besichtigt werden. Alle Informationen zu den Führungen findet man unter www.kloster-ettal.de

Rundherum nur Natur: Am Beginn des Graswangtales gelegen, ist das Kloster Ettal eingebettet in eine traumhafte alpine Landschaft.

Brauereihof befinden sich die Brauerei und die Destillerie. In unmittelbarer Nähe sind weitere Handwerksbetriebe wie Gärtnerei, Schlosserei, Schreinerei und Wäscherei untergebracht. Etwas weiter bergauf gelangt man dann zur Landwirtschaft des Klosters. Und die Klausur, der abgeschlossene Wohnbereich der Mönche, umschließt den rechts neben der Kirche gelegenen Klausurgarten.
Die Blütezeit nach dem Neubau des Klosters hielt aber nicht lange an, denn mit der Säkularisation wurde die Benediktinerabtei am 21. März 1803 gegen den entschiedenen Widerstand von Abt Alphons Hafner aufgehoben. Die Gebäude und Besitzungen gingen an das Kurfürstentum Bayern über. Im Jahr 1809 ersteigerte Josef von Elbing die Gebäude, ehe sie 1856 von Graf Albert von Pappenheim erworben wurden. 1898 kaufte Baron Theodor von Cramer-Klett die Gebäude und schenkte sie dem am Rande der Hallertau gelegenen Kloster Scheyern, das ebenfalls von Benediktinern geleitet wird. Nun dauerte es nochmal zwei Jahre, ehe am 6. August 1900 wieder Benediktinermönche in die beinahe ein Jahrhundert verwaiste Klosteranlage einzogen. Zunächst war das Kloster ein Priorat des Klosters Scheyern, seit 1907 ist Ettal wieder eine selbständige Abtei.

Erhebung zur „Basilica minor" durch Papst Benedikt XV.

In der Tradition der 1710 gegründeten Ritterakademie entwickelten sich seitdem das humanistische und neusprachliche Gymnasium und das Internat zu den wichtigsten Aufgaben der Benediktiner. Die teils in der Säkularisationszeit abgebrochenen Gebäude wurden mit finanzieller Unterstützung durch Baron Cramer-Klett wieder aufgebaut oder erneuert. Papst Benedikt XV. erhob die Kirche am 24. Februar 1920 schließlich mit dem Apostolischen Schreiben „Inter potiora" in den Rang einer Basilica minor, ein Ehrentitel, der nur bedeutenden Kirchengebäuden verliehen wird.

Mit einem Durchmesser von 25 Metern die größte Kirchenkuppel in Bayern: Johann Jakob Zeiler schuf das überwältigende Fresko.

Es ist schon erstaunlich, dass eine der bedeutendsten und schönsten bayerischen Barockkirchen noch ganz deutlich die Symbolhaftigkeit der Gotik erkennen lässt. Die Ettaler Basilika weist einen zwölfeckigen Grundriss mit einem Durchmesser von 23,5 Metern auf, eine Reverenz an die Zahl zwölf, die im Mittelalter als heilig galt, weil sie auf die zwölf Apostel, die zwölf Stämme Israels und die zwölf Tore des himmlischen Jerusalems hinwies. Als der Schweizer Baumeister Enrico Zucalli ab 1710 begann, die Fassade der Klosterkirche zu erneuern, änderte er daran nichts, sondern bezog die Kirche als Kuppelbau in die Fassade ein, rechts und links von zwei Kirchtürmen flankiert. Nach dem Brand von 1744 hat man sich in Ettal der Pläne von Zucalli erinnert und sie von dem Wessobrunner Baumeister und Stuckateur Joseph Schmutzer umsetzen lassen. In einem weiten Innenhof wölbt sich die Fassade der Basilika mit ihrer gewaltigen Kuppel nach vorne. Mit 71 Metern Höhe und einem Durchmesser von 25 Metern ist sie die größte Kuppel in Bayern. Rechts neben der Kuppel kann man, etwas zurückversetzt, noch jenen, heute mit einem Satteldach versehenen Glockenturm sehen, der auch schon Bestandteil der gotischen Anlage war.
Und auch in der Fassade der Basilika findet

sich die Zahl zwölf wieder: In Nischen stehen die überlebensgroßen Skulpturen der zwölf Apostel. Von der ursprünglichen Kirche erhalten ist auch das Portal, in dessen Spitzbogen die Kreuzigung Jesu dargestellt wird, flankiert von Klostergründer Ludwig dem Bayern und seiner Frau Margarete von Holland.

Folgenschwere Erscheinung: Ludwig der Bayer erhält das Marienbild

Der Innenraum ist schließlich ein einzigartiges Fest barocker Pracht: Elf Bogenfenster unterhalb der Kuppel tauchen diesen Raum in ein je nach Tageszeit wechselndes Licht, und über allem thront das Kuppelfresko. Der aus dem nahen Reutte in Tirol stammende Maler Johann Jakob Zeiller hat dort ein an Opulenz schwerlich zu übertreffendes Werk geschaffen, das einen geöffneten Benediktinerhimmel zeigt und nicht weniger als 431 Mönche, Bischöfe, Päpste, Fürsten und Heilige darstellt. Über dem Chorbogen ist jene Szene zu sehen, die zur Klostergründung geführt haben soll: Ein Mönchsengel erscheint Kaiser Ludwig dem Bayern und übergibt ihm das Marienbild.
An den Wänden der wegen der zwölf Ecken beinahe kreisrund wirkenden Basilika finden sich auch sechs Altäre, die in zwei Gruppen angeordnet sind, wobei der jeweils mittlere besonders prächtig geschmückt ist.
Sehenswert außerdem: die von dem Wessobrunner Stuckateur Johann Baptist Zimmermann gestaltete Empore, auf der sich die Orgel befindet.

Die Ettaler Madonna

Über dem Tabernakel, perfekt in einer Nische des 1785 errichteten Hochaltars platziert, thront die Ettaler Madonna, jene Statue aus weißem Marmor, die Ludwig der Bayer im Jahr 1330 zur

Gründung des Klosters gestiftet hat und die diesen Ort über Jahrhunderte hinweg zum Ziel von Wallfahrern werden ließ.

Sehenswürdigkeiten

Ettal liegt nicht nur wunderschön am Beginn eines Hochtales und zu Füßen der steil aufragenden Berge, sondern auch strategisch äußerst günstig, um einige der touristischen Höhepunkte Bayerns zu erkunden. In nur 20 Minuten ist man in Garmisch-Partenkirchen, von wo aus man gemütlich mit der Zahnradbahn auf die Zugspitze, Deutschlands höchsten Berg, fahren kann. Noch viel näher, nämlich in unmittelbarer Nachbarschaft, liegt der weltberühmte Passionsspielort Oberammergau, wo man das Passionstheater besuchen und an vielen Häusern die für Oberbayern so typische Lüftlmalerei entdecken kann. Kurz hinter Ettal geht es zudem links ins Graswangtal, an dessen Ende Schloss Linderhof mit der Venusgrotte und einem traumhaften Park lockt. Dieses Schloss ist das einzige von König Ludwig II. erbaute, in dem er auch wirklich gelebt hat.
In einem Tagesausflug bequem zu erreichen ist auch die wegen ihrer barocken Pracht weltbekannte Wieskirche.
Nicht weit ist es ferner bis Murnau mit dem Schlossmuseum und seinen vielen Originalwerken der Expressionisten Gabriele Münter und Wassily Kandinsky, die hier lange gelebt und gewirkt haben.

Schloss Linderhof, in dem König Ludwig II. nicht nur gelebt hat, sondern auch ein „Tischlein-deck-dich“ einbauen ließ.

Klosterhotel Ludwig der Bayer

Direkt gegenüber der Klosterbasilika liegt das im Besitz der Abtei befindliche Klosterhotel „Ludwig der Bayer". Das Vier-Sterne-Haus verfügt über 100 Zimmer, Suiten und Appartements (alle mit mit Dusche, WC, Flat-TV und kostenlosem WLAN), Pool sowie einen Fitness- und Wellnessbereich und mehrere Restaurants.

Klosterhotel Ludwig der Bayer
Kaiser-Ludwig-Platz 10-12
82488 Ettal
Tel. 0 88 22 91 50
hotel@kloster-ettal.de
www.ludwig-der-bayer.de

Blick vom Kloster auf die andere Straßenseite:
Das Klosterhotel «Ludwig der Bayer» lockt mit Komfort und Wellness.

Ettal und das Bier: Beide haben erst allmählich zueinander gefunden. Während in anderen Klöstern unmittelbar nach deren Gründung die Sudkessel angeheizt wurden, schritten die Benediktiner in Ettal würdevoll in den Weinkeller. Die Abtei war in ihrer Anfangszeit ganz auf Wein gepolt, der in der Regel Südtiroler Ursprungs war. Und so gingen über hundert bierlose Jahre ins Land, ehe die Ettaler im 15. Jahrhundert im nahen Oberammergau eine Brauerei gründeten. Dass Abt Leonhard Hipolt im Jahr 1609 dann doch innerhalb der Klostermauern eine Brauerei errichten ließ, hat vor allem zwei Gründe: Bier löste den Wein als Getränk des Volkes langsam, aber stetig ab, parallel dazu kamen immer mehr Wallfahrer nach Ettal, die nach der Verehrung des Gnadenbildes auch einen anständigen Durst hatten, der gestillt werden wollte.

Monopolstellung mit Folgen: gute Geschäfte, aber Streit mit den Nachbarn

Rechnungen aus dieser Zeit belegen, dass neben dem Bier schon um 1609 der Ettaler Klosterliqueur von den Mönchen der Abtei hergestellt wurde. Die bedeutsamste Urkunde für die Klosterbrauerei Ettal stellt die „Bier Concession und Bestätigung durch den drchlg. Fürsten Maximilian Pfalzgraf bei

Viel Glas und Edelstahl: das neue Sudhaus der Ettaler Brauerei.

Rhein, Herzog in Ober und Niederbayern, dem Kloster Ettal beschehen" dar. Sie wurde dem Kloster am 11. April 1618 ausgestellt und begründet offiziell das Recht zur Herstellung und zum Vertrieb des Bieres. In den folgenden hundert Jahren entwickelte sich die Nachfrage nach dem Ettaler Bier so prächtig, dass zwei neue, größere Brauereigebäude errichtet werden mussten. Die Ettaler profitierten dabei von dem bis 1799 gültigen Grundsatz, dass der Wirt sein Bier ausschließlich vom Brauhaus seines Grundherrn zu beziehen hatte. Und da das Kloster über ausgedehnte Ländereien verfügte, hatte es auch viele Wirte zu versorgen.

Diese Monopolstellung führte in den Jahren 1725/26 zu einigen heftigen Auseinandersetzungen mit den Gemeinden im Ammertal. Immer wieder ließ die eine Seite einen Vertreter der anderen inhaftieren (und umgekehrt), ehe die Sache um 1731 im Sande verlief.

Nach Verstaatlichung und Privatisierung: Die Mönche brauen wieder

Die Säkularisation von 1803 traf natürlich auch das Kloster Ettal schwer: Die Brauerei war inzwischen zu einem wirtschaftlich

So muss es sein: Kloster und Brauerei eng miteinander verbunden.

bedeutenden Betrieb herangewachsen, der nun unter staatlicher Regie fortgeführt wurde, bis sie zusammen mit den Klostergebäuden am 26.12.1809 an den Generalpostdirektionsrat Josef von Elbling zum Preis von 38.000 Gulden verkauft wurde. In der Folge wechselten Brauerei und Klostergebäude mehrfach den Besitzer, ehe mit der Wiederbegründung des Klosters im Jahr 1900 auch die Brauerei wieder von den Mönchen betrieben wurde. Seither wurde die Brauerei immer wieder modernisiert und ausgebaut, erst im Frühjahr 2016 wurde das komplett neue Sudhaus in Betrieb genommen. Bereits 1998 konnte mit dem Ettaler Brauereimuseum eine neue Attraktion geschaffen werden. Auf über 500 Quadratmetern wird die Geschichte der Klosterbrauerei dokumentiert und mit Gerätschaften aus vergangenen Zeiten das Bierbrauen erläutert. Direkt neben der Brauerei befindet sich das Benediktiner-Brauereigewölbe, das vom Klosterhotel Ludwig der Bayer bewirtschaftet wird.

Klosterladen und Klostermarkt

Dass in Ettal nicht nur Bier gebraut, sondern auch Likör, Tee und Tinkturen erzeugt werden, sieht man in dem zu Füßen der Basilika angesiedelten Klosterladen auf den ersten Blick. Daneben gibt es eine sehr große Auswahl an religiöser und spiritueller Literatur, Devotionalien sowie Schnitzereien. Gegenüber der Abtei befindet sich ferner der etwas kleinere Klostermarkt, der zahlreiche Ettaler Klosterspezialitäten anbietet.

Öffnungszeiten

werktags 9.30 – 17 Uhr
sonn- und feiertags 13.30 – 17 Uhr
Klostermarkt
(Mai – Oktober) täglich 10 – 17 Uhr
(Dezember – April) Fr – So 10 – 17 Uhr

Ettaler Klostergemeinschaft

Derzeit leben in der Ettaler Klostergemeinschaft 35 Mönche nach der Regel des hl. Benedikt, die allesamt nicht nur im „Ora", sondern auch im „Labora" vereint sind. Und an Arbeit gibt es in Ettal mehr als genug. Da sind natürlich zunächst einmal die Seelsorge und der Unterhalt des laufenden Klosterbetriebs sowie der Betrieb des Internats, in dem nun auch Mädchen aufgenommen werden, um das humanistische Gymnasium zu besuchen.

Dem Selbstverständnis der Benediktiner entspricht es dabei, dass die im klösterlichen Alltag ausgeübte Tätigkeit nichts mit dem Rang in der Gemeinschaft zu tun hat: Nach den Oberen wie Abt, Prior und Subprior gibt es nur noch eine Rangordnung, nämlich die des Zeitpunkts des Eintritts ins Kloster. Neben Bier zeichnen die Benediktiner in Ettal noch für eine ganze Reihe von Produkten verantwortlich, wobei die Tinkturen eine ganz besonders enge Verbindung zum hl. Benedikt von Nursia haben. Denn die Kräuterheilkunde hat in den benediktinischen Klöstern eine jahrhundertealte Tradition, deren Grundlage bereits in der Regel des Ordensgründers niedergelegt ist: „Die kranken Brüder sollen einen eigenen Raum haben und einen eigenen Pfleger, der Gott fürchtet und ihnen sorgfältig und eifrig dient." Diese mit der Pflege betrauten Mönche haben ihr Wissen von älteren Mitbrüdern erfahren und an ihre Nachfolger weitergegeben. Gemäß dieser Tradition werden in Ettal Einreibetinkturen aus der Arnikablüte und Latschenkiefer hergestellt.
Zum Selbstverständnis der Benediktiner in Ettal gehört es aber auch, dass alle Wirtschaftsbetriebe unter Leitung der Benediktiner stehen. Für die Brauerei ist Cellerar Pater Johannes Bauer verantwortlich, der die Bierherstellung aber dem weltlichen Braumeister Florian Huber überlässt.

Er braut zwar nicht selbst, ist aber Chef der Brauerei: Pater Johannes Bauer.

Ettaler Bierspezialitäten

Ettaler Edel Hell

Ein klassisches Export Hell, bei dem sich im Geruch neben dezentem Malzaroma der besondere Hallertauer Aromahopfen voll entfaltet. Die Vollmundigkeit ergänzt sich optimal mit der Edelbittere. Das Wasser aus den Ammergauer Alpen macht den Abtrunk besonders angenehm.
Stammwürze 12,3 %, Alkohol, 5,2 % vol.

Ettaler Klosterbier Dunkel

Ein hochvergorenes Exportbier mit einer wunderbar satten, rot-schwarzen Farbe. In der Nase dominieren milde Malzaromen und eine leichte Hopfennote. Am Gaumen kommt eine ausgeprägte Frische (Rezenz) im Antrunk hinzu, die dann in einer weichen Vollmundigkeit mündet. Sehr süffig, mit leichter Stammwürze sowie anhaltender Malzigkeit und Röstaromen im Abtrunk.
Stammwürze 12,5 %, Alkohol 5,0 % vol.

Ettaler Kloster Curator

Curator, das ist im Lateinischen einer, der sich um etwas kümmert. Und wie: samtiges Aroma mit eleganten Malznoten und etwas Kakao. Mit der feinen Kohlensäure und der hohen Stammwürze erhält man ein fast cremiges Erlebnis. Ein heißer Tipp zu Desserts mit Schokolade.
Stammwürze 18,5 %, Alkohol 7,0 % vol.

Ettaler Heller Bock

Ein typisches, helles Starkbier. Bewusst sehr hochvergoren, damit die Malzsüße ihre angenehme Wirkung entfalten kann. Wie das Edel Hell ist der helle Bock mit speziellem Hallertauer Aromahopfen gewürzt. Das verleiht dem milden Starkbier eine angenehme Frische sowohl im Geruch wie auch im Abtrunk.
Stammwürze 16,5 %, Alkohol 7,2 % vol.

Ettaler Winterbock

Eine Spezialität, die von innen heraus wärmt, wenn es draußen kalt ist. Den Winterbock mit seiner rötlich-dunkelbraunen Farbe gibt es nur von November bis März, und dann auch nur in der 1-Liter-Flasche mit Bügelverschluss. Dieses kräftige untergärige Bier mit dem Duft von Malz und Röstaromen schmeckt süßlich und würzig. Der Abtrunk ist weich, vollmundig sowie geprägt von einer angenehmen Bittere und einem leichten Hauch von Karamell.
Stammwürze 18,5 %, Alkohol 7,0 % vol.

Frater Thomas Neumann (li.),
Braumeister Florian Huber, und
Frater Basilius M. Zaglacher

KLOSTER ETTAL

Kloster Irsee und Abteikirche
Brauerei und Klosterbräu

Kloster Irsee

Der Ursprung des späteren Reichsklosters Irsee lag hoch droben im Wald von Eiberg, nahe der Burg Ursin (Irsee). Dort lebte um das Jahr 1180 der Eremit Heinrich, dem sich bald ein Ritter und ein Priester anschlossen. Die Männer errichteten eine Kapelle und bildeten eine klosterähnliche Gemeinschaft. Nach 1182 schenkte Markgraf Heinrich von Ronsberg seinen Wald an die Eremiten, zugleich wurde die Klause der geistlichen Aufsicht der Abtei Isny unterstellt. Deren Mönch Werner wiederum brachte als Prior die Regel des hl. Benedikt nach Eiberg. Weil die Mönche dort aber unter einem steten Wassermangel litten, entschlossen sie sich, an den heutigen Standort im Tal, wenige Kilometer nordwestlich von Kaufbeuren im schwäbischen Teil von Bayern, zu übersiedeln. Dort erhielten sie die bisherige Burg der Herren von Ronsberg. Noch 1185 wurde das Kloster zur eigenständigen Abtei erhoben, 1195 erfolgte die Weihe einer Kirche am Fuß des Burgbergs. Nach dem Aussterben der Stifterfamilie im 13. Jahrhundert fiel die Vogtei über das Kloster Irsee an die jeweiligen Herren von Kemnat.

Mit schwäbischer Sparsamkeit wird das Kloster von Abt Conrad III. gerettet

Das hohe Ansehen der kleinen Abtei belegen Privilegienbriefe von Papst Innozenz III. (1209), König Heinrich VII. (1227) und Papst Gregor IX. (1239). Dabei zählte der Konvent in jener Zeit nur ein halbes Dutzend Mönche. Im 14. Jahrhundert litt das Kloster dann unter wirtschaftlichen Problemen, fehlender Kontinuität in der Führung und Spannungen im Konvent, was zur Folge hatte, dass um 1370 nur noch ein Mönch in der Klausur lebte, während der sehr weltlich orientierte Abt und die übrigen Konventualen das Kloster verlassen hatten. Die Rettung für das Kloster kam drei Jahre später: Anna von Ellerschwand, die Schwester des Bischofs Burkhard von Augsburg, hatte die Vogtei über Irsee geerbt, und sie berief mit Abt Conrad III. einen umsichtigen Mönch zum neuen Oberen, der als Muster schwä-

bischer Sparsamkeit galt. So soll er zeitweilig selbst das Klostervieh gehütet haben.
Zum Schutz vor Überfällen des Adels wurde das Kloster im Jahr 1432 Mitglied im schwäbischen Ritterbund zum Georgenschild. Diese Vorsorge bewährte sich im Bauernkrieg von 1525: Vor den heranrückenden Haufen aus Kempten und vom Bodensee wurde Irsee evakuiert. Der Großteil des Konvents und der Schatz fanden unter Geleitschutz der eigenen Klosterbauern Zuflucht in Kaufbeuren. Die Klosteranlage samt der Bibliothek wurde jedoch im Mai 1525 geplündert und teilweise niedergebrannt.
Wie im Bauernkrieg so wurde Irsee auch im Dreißigjährigen Krieg schwer beschädigt: 1632 plünderten schwedische Truppen das Kloster, 1633 erbeuteten sie den nach Kreuzlingen evakuierten Klosterschatz und verbrannten das Archiv und 1634 raubten sie die nach 1525 mühsam wieder aufgebaute Bibliothek.

Sitz und Stimme im Immerwährenden Reichstag

Mit der Bestätigung des Blutbanns, also der hohen Gerichtsbarkeit über die Klosteruntertanen, im Jahr 1694 durch Kaiser Leopold gewann das vergleichsweise kleine Kloster Irsee dann den Rang eines Reichsstifts. Als reichsunmittelbarer Herr hatte der Abt von Irsee fortan Sitz und Stimme auf der schwäbischen Prälatenbank beim Immerwährenden Reichstag. Im Falle eines Reichskriegs stellte das Kloster innerhalb des Aufgebots des Schwäbischen Kreises immerhin ein Kontingent von einem Offizier und 61 Mann. Die barocke Anlage, wie man sie heute noch vorfindet, ist schließlich das Ergebnis eines zwischen 1699 und 1729 in zwei Stufen abgewickelten Neubaus. Nachdem die Kirche errichtet war, wurde 1707 der Klosterneubau in Angriff genommen, wobei die zum Teil unregelmäßig angeordneten Trakte durch eine symmetrische Vierflügelanlage ersetzt werden sollten. Den Entwurf dazu lieferte höchstwahrscheinlich derselbe Frater Magnus Remy, dem auch die Ausmalung der Kirche zu verdanken ist. 1709 wurde der Bau aber vorläufig eingestellt, zu jenem Zeitpunkt

Barockes Meisterwerk: das Treppenhaus im Eingangsbereich des Klosters.

waren Ost-, Süd- und wohl auch der Nordflügel fertiggestellt. Der noch fehlende Westflügel entstand dann 1727 - 1729, allerdings ohne die vorgegebene Symmetrie zu wahren. Voll barocker Pracht ist das Innere: Gleich nach Durchschreiten des Eingangsportals im Westen offenbart sich einem der künstlerische Höhepunkt des einstigen Klosters: das Treppenhaus. Die farbenprächtige Dekoration entstand etwa zwischen 1729 und 1735. Als Schöpfer des unsignierten Deckengemäldes wird der Ottobeurer Maler Franz Anton Erler angesehen. Das Bild zeigt den Triumph des hl. Benedikt, der in einer monumentalen Scheinarchitektur dargestellt ist. Westlich darunter erscheinen die christlichen Tugenden, südlich stürzt Luzifer in den Abgrund, im Norden gehen die Laster zugrunde und auf der Ostseite ist Chronos zu sehen. Neben dem großen Deckenfresko bleibt nur wenig Platz für den Stuck, dennoch hat Franz Schmuzer, einer der größten Meister der Wessobrunner Schule, eine schier unglaubliche Fülle von Motiven geschaffen.

Im Gegensatz zu vielen Klöstern jener Zeit konnte Irsee aber nicht auf eigene Heilige verweisen, es gab auch kein berühmtes Gnadenbild. So entfielen jene Wallfahrten, die anderen Klöstern alljährlich viel Geld einbrachten. Kein Wunder, dass angesichts der geringen Einkünfte nur um die 20 Mönche in der Abtei lebten.

Führungen

Die Besichtigung des ehemaligen Klosters ist nur in angemeldeten Gruppen möglich. Zu sehen ist dabei neben barocken Räumen (Treppenhaus, Prälatur, Kapitelsaal) auch eine Dauerausstellung zur Klostergeschichte. Die Exponate dokumentieren wichtige Ereignisse der klösterlichen Historie und die kulturelle Wirksamkeit der Benediktinergemeinschaft in Kunst, Musik, Wissenschaft und Geschichtsschreibung. Sie verweisen aber auch auf die Nutzung als Heil- und Pflegeanstalt zwischen 1849 und 1972. Weitere Informationen und Anmeldung unter Tel. 0 83 41 / 90 600.

Wechselhafte Geschichte, bis das Kloster Irsee zu neuer Blüte geführt wird

Die Säkularisation begann für Irsee mit dem 29. November 1802. Bereits im Januar 1803 organisierte der bayerische Staat die Neuverpachtung der Klostergründe und die Versteigerung des Inventars. Die Wirtschaftsbetriebe wurden erst ab 1807 verkauft, zumeist waren es vormalige Angestellte der Abtei, die ihre Arbeitsstätten erwarben, so der Müller, Gärtner und Ziegelbrenner. Die Abteikirche fungierte seit 1804 als neue Pfarrkirche. In das Konventgebäude zogen 1804 der Pfarrhof und staatliche Behörden, insbesondere ein Rentamt. Erst 1812 verließen die letzten

Mönche ihr ehemaliges Kloster. Nach dem Auszug des Rentamts im Jahr 1828 suchte der Staat erfolglos Käufer für die leer stehende Klosteranlage. 1832 beschloss der Oberdonaukreis als Vorläufer des späteren Bezirkstags von Schwaben für Irsee die Errichtung einer „Kreis-Irrenanstalt", die 1849 eröffnet wurde.

Tagungs- und Bildungszentrum in historischen Mauern

Nachdem dieses Krankenhaus im Jahr 1972 aufgelöst wurde, beschloss der Bezirk Schwaben die Restaurierung der Klosteranlage und ihre Umwandlung in ein Bildungszentrum. Das Schwäbische Tagungs- und Bildungszentrum Kloster Irsee öffnete 1981. In den Räumen ist auch das Bildungswerk des Bayerischen Bezirketags untergebracht, das Fort- und Weiterbildungen in den Bereichen Psychiatrie und Neurologie anbietet.
Auch befindet sich in Kloster Irsee die Schwabenakademie, die ein breitgefächertes Programm mit geistes- und kulturwissenschaftlichen Seminaren, Kursen zur Persönlichkeitsbildung und zur künstlerischen Praxis, Konzerte, Lesungen, Vorträge und Ausstellungen veranstaltet.

Heute ein renommiertes Bildungszentrum: das einstige Benediktinerkloster Irsee.

Kirche

Als im Jahr 1699 der Turm der alten Klosterkirche einstürzte, bot dies den Anlass für den kompletten Neubau. Bereits 1703 konnte der erste Gottesdienst in der neuen Abteikirche gefeiert werden. Errichtet im Stil des Vorarlberger Barock durch Franz II. Beer aus Bregenz, wurde die Kirche ausgeschmückt mit Wessobrunner Stuck von Joseph Schmuzer. Die Gemälde schuf ab 1702 der Irseer Mönch Magnus Remy, ein gelernter Maler.

Im Kirchenraum griff Franz Beer auf das Vorbild im schwäbischen Obermarchtal zurück, wo er 1690 den von seinem Lehrer Michael Thumb 1686 begonnenen Kirchenbau fortsetzte. Dort war es erstmals überzeugend gelungen, den von den Jesuiten übernommenen Typus der Wandpfeilerkirche als große Klosterkirche mit der „Lichtrahmenschicht" zu realisieren. Damit sind die von – für den Gottesdienstteilnehmer – unsichtbaren Lichtquellen ausgeleuchteten Räume der Emporen gemeint, die einen Lichtrahmen um den Gemeinderaum bilden. Um diese Wirkung zu erzielen, wählte Beer für die Emporen größere Fenster als für die Kapellen.

Auf der Suche nach neuen Reliquien

Mit dem Verlust des Kirchenschatzes 1633 hatte Irsee auch seine Reliquien eingebüßt. Daraufhin bemühte man sich in Rom, wo seit Wiederentdeckung der Katakomben Ende des 16. Jahrhunderts ein großer Kult um die erhobenen Gebeine entstanden

Üppige barocke Pracht prägt die Ausstattung der Irseer Klosterkirche.

war, neue Reliquien zu erwerben. Zwischen 1668 und 1686 erhielt Irsee auf diesem Weg die Heiligen Leiber der Märtyrer Eugenius, Faustus und Candidus, die das Kloster in Ottobeuren durch den Benediktinerpater Magnus Schwarz in der heutigen Form fassen ließ. Das bedeutet, dass die aufrecht in den Seitenaltären ausgestellten Skelette mit Draht stabilisiert, mit Perlen und bunten Glassteinen verziert sowie mit gold- und silberbestickten Gewändern bekleidet wurden. In aufrechter Position erfüllten sie das für die barocke Frömmigkeit spezifische Bedürfnis nach Vergegenwärtigung des Heiligen, nach einer sinnlich fassbaren Dimension der Religion. Dahinter stand die Vorstellung von den Heiligen als Wegbereiter und Begleiter in den Himmel.

Sehr interessant in der Kirche ist auch das Gestühl, wobei vor allem die aus dem Jahr 1705 stammenden Reihen fünf bis 14 der Aufmerksamkeit bedürfen: spielende, kletternde, sitzende und schlafende Putten, die zwischen Draperien, Weinlaub, Frucht- und Blütengirlanden dargestellt sind.

Eine Fensterorgel mit 31 Registern

Die Orgel der Klosterkirche wurde in den Jahren 1752 bis1754 von Balthasar Freiwiß erbaut und ist weitgehend original erhalten. Es handelt sich dabei um eine Fensterorgel, deren Prospekt das Mittelfenster der Westfassade umgibt. Das Instrument hat 31 Register auf zwei Manualen und Pedal.

Weitgehend im Original erhalten: die Mitte des 18. Jahrhunderts erbaute Orgel.

Brauerei

Bereits im frühen Mittelalter wurde in den Klöstern Bier gebraut – auch in Irsee. Hird wird die Brauerei erstmals im Jahr 1182 urkundlich erwähnt. Die Freude der Benediktinermönche am Genuss und Wohlbefinden prägten den Geschmack. Die natürlichen örtlichen Gegebenheiten, das Zusammenspiel von Hopfen und Malz verbunden mit der Klosterbrauregel „lang und kühl" beachteten sie genau. Im kalten Gewölbekeller erhielten die Kräfte der Natur Woche für Woche Zeit zur Reifung und zum Ausbau des mild-würzigen Geschmacks. Erst dann wurde unfiltriert abgefüllt.

Nach der Säkularisation im Jahr 1803 wurde das Kloster aufgelöst, die Brauerei kam in Privatbesitz, allerdings wurde dort dann nur mehr sehr wenig gebraut. Zu neuer Blüte geführt wurde Irsee zu Beginn der 1970er Jahre, als begonnen wurde, die Klostertradition wieder zu beleben und die Kirche sowie die Klostergebäude zu restaurieren. Das hat sich auch auf die Brauerei ausgewirkt: Wie es Jahrhunderte guter klösterlicher Brauch war, wird auch heute in Irsee handwerklich ursprüngliches Klosterbier gebraut. Mild-würzig urbelassen und von natürlicher Haltbarkeit hat Irseer Klosterbier viele

Schmuckstücke aus Kupfer: die Sudkessel der Klosterbrauerei.

Freunde gefunden. Die Menge ist allerdings nach wie vor durch die ursprüngliche Brauweise und die natürlichen Gegebenheiten vor Ort bestimmt.

Das Besondere am Irseer Klosterbier ist der aufwändige Produktionsprozess: In acht bis zehn Stunden entsteht im kupfernen Sudkessel aus würzigem Malz und mildem Aromahopfen zunächst die Bierwürze. Dann folgt für acht bis zehn Tage die kühle Hauptgärung in traditionellen, offenen Gärbottichen, was dem Bier eine besondere Aromenfülle verleiht. Sorgfältig entfernt der Braumeister schließlich den bitteren Hopfentrieb aus der Schaumdecke. Nun folgt die längste Phase des gesamten Brauprozesses: Zwischen 80 und 180 Tage reift Irseer Klosterbier je nach Sorte bis zu seiner natürlichen Klarheit. Erst dann wird urbelassen und unfiltriert abgefüllt oder ausgeschenkt.

Vier traditionelle Klosterbiere, die bis zu 180 Tage reifen

Zum Selbstverständnis von Irsee gehört auch, nur das zu brauen, was man perfekt beherrscht – und das sind vier Biere: der helle Kloster Urtrunk, das Kloster Ur-Dunkel, ein Kloster Starkbier und die Kloster Urweiße. Das Irseer Klosterbier ist darüber hinaus ein sehr rares Gut, das nur an einige Händler und rund zehn Gasthöfe in der Region abgegeben wird. Nicht zu vergessen sind in diesem Zusammenhang der Bierbrand und der Klosterlikör, die ebenfalls in der Brauerei hergestellt werden.

Brauereimuseum

Im Brauereimuseum der Irseer Klosterbrauerei verschwimmen die Grenzen zwischen einst und heute. Vom Museum aus hat der Besucher einen direkten Blick in das Sudhaus, läuft an den Gärbottichen vorbei und steigt hinab in das kühle Kellergewölbe, in dem der Kloster Urtrunk langsam und stetig reift. Zahlreiche Maschinen und Geräte aus den verschiedenen Epochen der Klosterbrauerei erzählen von der alten Braukunst der Mönche, daneben finden sich aber auch Ausstellungsstücke zur Geschichte des Irseer Klosterviertels. In einer Sonderausstellung werden historische Fotos und Postkarten gezeigt.

Führungen durch Brauerei und Museum (inkl. Bierprobe in der historischen Brauhausgalerie) dauern ca. 1,5 Stunden. Anmeldung unter Tel. 0 83 41 / 43 22 00; Einzelpersonen können sich Gruppen fast immer anschließen.

Zwischen einst und heute: das Irseer Brauereimuseum.

Klosterbräu

Wie früher kommen Gäste heute gerne nach Irsee und lassen's sich gut gehen. Im Irseer Klosterbräu Braugasthof (geöffnet täglich von10 bis 23 Uhr) stehen Klassiker aus Bayern und dem Allgäu auf der Karte. Dazu zählen die hausgemachten Kässpatzen ebenso wie der Allgäuer Zwiebelrostbraten, eine knusprige Schweinshaxe, gebeizter Wildschweinbraten oder gebratener Zander. Dazu gibt's ursprünglich gebrautes Klosterbier und mehr. Kamingewölbe, alte Gaststube, Brennerei oder Klosterstube – in dem Jahrhunderte alten Klostergasthof lässt sich's in angenehm lockerer Atmosphäre gut sein. Zur warmen Jahreszeit locken der Sommergarten im Innenhof und der Klostergarten beim Wasserrad. Und Kinder haben ihren Spaß auf dem Spielplatz.

Mächtiges Gewölbe:
Im Klosterbräu trinkt man Irseer Bier und genießt regionale Spezialitäten.

Irseer Klosterbräu
Klosterring 1-3
87660 Irsee
Tel. 0 83 41 / 43 22 00
ikb@irsee.com
www.irsee.com

Irseer Abts-Trunk

Zum 800. Jubiläum der Irseer Klostergründung hat die Klosterbrauerei 1980 den Abts-Trunk gebraut. Das mit Kräutern verfeinerte Bier wurde über Monate hinweg in handgefertigten Steingutflaschen eingelagert.
Mit einer Stammwürze von 22 Prozent und einem Alkoholgehalt von rund 11 % vol ist es eigentlich mehr Likör als Bier. Als der Abts-Trunk abgefüllt wurde, kostete eine Literflasche noch rund 33 D-Mark. Heute ist dieses Bier unter Sammlern eine gefragte Rarität, die, wenn man sie überhaupt noch findet, auf Auktionen ein Vielfaches des ursprünglichen Preises erzielt. Dieses erlesene Bier wird im Klosterbräu nach wie vor als Aperitif ausgeschenkt.

Übernachten

Gäste, die zum ersten Mal Irsee und sein historisches Klosterviertel entdecken, sprechen von dem besonderen Reiz, der offenbar von diesem Ort ausgeht. In dem jahrhundertealten Klostergebäude mit meterdickem Mauerwerk und altem Gebälk fühlen sich Gäste einfach wohl und entspannen hier für einen Tag oder länger. Bei der Restaurierung der Gästezimmer orientierten sich die Handwerker an der altklösterlichen Baukunst, um den Charme des Ursprünglichen zu bewahren, ohne dabei aber auf den Komfort von heute verzichtet zu haben. Alle Zimmer sind mit Dusche, WC, Föhn, Schreibtisch, Telefon, Flachbildfernseher und WLAN ausgestattet.
Jedes Zimmer im Klosterbräu Hotel ist individuell und hat seinen eigenen Charme. Die Zimmer unterscheiden sich in ihrer Größe – ganz nach den Gegebenheiten des jahrhundertealten Klostergebäudes. Einige Zimmer zeigen die historischen Gewölbebögen oder haben gemütliche Sitzecken in den alten Nischen. Andere bieten die Aussicht über den Klostergarten zur Barockkirche.

Schwitzen wie die Klosterbrüder in Sauna und Dampfbad

Und: Schon die Klosterbrüder kannten die Wirkung des Schwitzens für ihr Wohlbefinden. Das Saunagewölbe mit Dampfbad wurde nach alten Aufzeichnungen in Ziegel und Holz gebaut. Ein nützliches Vergnügen finden Gäste im Kräuterbad mit Bier.
In der Klosterbräu-Atmosphäre fühlen sich auch Tagungsgäste wohl. Die drei Tagungsräume mit historischem Charakter und Tageslicht sind hell und freundlich.

Irseer Klosterbräu
Kontaktadresse siehe linke Seite

Komfort im Klosterbräu-Hotel: Jedes Zimmer hat seinen eigenen Charme.

Sehenswürdigkeiten

Das Irseer Klosterviertel ist ein guter Ausgangspunkt für Naturliebhaber, die nach Lust und Laune die nahe Umgebung erkunden wollen. Wer's einfach und idyllisch mag, der nimmt die halbstündige Klosterrunde, entdeckt die berühmte Barockkirche von Irsee, die alten, blumengeschmückten Dorfhäuser oder das Wahrzeichen Irsees, den „Wächter", den Turm der St. Stephan-Kirche. Auch Radfahrer mögen die vielen flachen und leicht hügeligen Strecken rund um Irsee.

Ein besonderes Highlight ist für Wanderfreunde die „Höllenrunde", die ihren Namen einem alten Pilgerweg verdankt. Etwa zweieinhalb Stunden führen die Wege über üppige Wiesen und schmale, beschattete Wege mit kleinen Holzbrücken, vorbei an riesigen Baumschwämmen bis hin nach Bickenried, der einstigen Sommerresidenz der Irseer Äbte und Mönche. Und natürlich darf bei einem Irsee-Besuch auch ein Abstecher zum Schloss Neuschwanstein nicht fehlen.

Veranstaltungen

Orgelvespern, Kunsthandwerkermarkt, Kabarett-Tage, Schwäbischer Kunstsommer, Musikfestivals, Kirchweih oder Weihnachtsmarkt: Das Angebot an kulturellen Veranstaltungen oder einfach nur Sehenswertem ist groß in Irsee.

Weitere Informationen über aktuelle Termine findet man unter:
www.irsee.de/altbau oder
www.kloster-irsee.de

Sollte bei einem Besuch von Irsee nicht fehlen: ein Abstecher zum Schloss Neuschwanstein.

Ursprünglicher Genuss

Ihr Bekenntnis zur Lebensfreude und zu weltlichen Genüssen war ein Schlüssel zum Wohlbefinden der früheren Mönche. Beim Klosterbräu in Irsee tauchte 1970 die Idee „Vorwärts zum Ursprung" auf. Liebevoll wurden Gemäuer, Gewölbe und Fresken des historischen Gasthofes und Hotels mit seinen Gästezimmern restauriert.

Große Gastfreundschaft in klösterlichem Ambiente

In der Klosterbrauerei besann man sich wieder auf das ursprüngliche Brauen von Klosterbier. 1982 war auch die Klosterkirche wieder hergestellt. Das Klosterviertel wurde neu entdeckt und zu einem Ort der Lebensfreude und des ursprünglichen Genusses. Heute treffen sich in den historischen Mauern des Klosterbräu-Gasthofes die Menschen in geselliger Runde. Im Jahrhunderte alten Gebäude des Klosterbräu-Hotels übernachten Reisende, Geschäftsleute und Familien ruhig hinter dicken Mauern.
Spaziergänger folgen den alten Wegen rund ums Klosterviertel. Gäste kommen auch gerne hierher, um ein paar Tage in Ruhe auszuspannen und sich's gut gehen zu lassen. Irsee ist heute ein Ort, an dem man weltliche Lebensfreude und Gastfreundschaft in klösterlichem Ambiente genießen kann.

Ein Ort voller Lebensfreude und weltlicher Genüsse: der Irseer Klosterbräu.

Irseer Bierspezialitäten

Der **Kloster-Urtrunk** ist das beliebteste Bier der Irseer Klosterbrauerei. Ein Grund dafür ist sicherlich, dass der Urtrunk nach klösterlichem Verfahren gebraut wird. Durch die langsame Gärung und eine Reifezeit von 80 Tagen entsteht sein urwürziger, milder Biergeschmack. Urbelassen unfiltriert wird der Urtrunk abgefüllt oder kommt zapffrisch im Irseer Klosterbräu-Gasthof auf den Tisch. Wie in den alten Klöstern werden auch heute im Irseer Klosterbräu noch weitere Biere gebraut.

Und Freunde von Weißbier genießen den feinen Hefegeschmack der **Kloster-Urweiße**, die ebenfalls viel Zeit hat, in Ruhe zu reifen.

Wer es etwas süffiger mag, trinkt das mildmalzaromatische **Kloster-Urdunkel**. Einst zur Stärkung in der Fastenzeit gedacht, schmeckt heute das bernsteinfarbene **Kloster-Starkbier**, das sechs Monate reift, das ganze Jahr über.

Kreuzberg

Kloster Kreuzberg und Wallfahrtskirche
Brauerei und Klosterschänke

Kloster Kreuzberg

Zu allen Zeiten hat der wolkenumwogte Kreuzberg die Menschen fasziniert: Schon in vorchristlicher Zeit soll hier eine heidnische Kultstätte existiert haben. Ein Ringwall aus dunklen Basaltsteinen ist ein Relikt dieser Zeit und umzieht noch heute den Gipfel. Im Jahr 686 sollen der Legende nach die drei Frankenapostel Kilian, Kolonat und Totnan auf dem Gipfel des Aschberges, wie die Erhebung bis ins 17. Jahrhundert hieß, ein erstes Kreuz errichtet haben. Seit der Missionierung der Franken durch Kilian und seine Gefährten im Jahre 686 gilt der Kreuzberg als heiliger Berg der Franken. Urkundlich erstmals erwähnt wird die markante Erhebung im Jahre 1164, als Bischof Heinrich II. von Stühlingen dem Kloster Maria Bildhausen die Rechte an Gras und Heu am Aschberg übertrug. Auch ein Kreuz mag es auf dem Aschberg ab dem ausgehenden Mittelalter gegeben haben: Volkskundlichen Nachforschungen zufolge handelte es sich dabei um ein Stationskreuz für den Flurgang der Pfarrei Bischofsheim zu ihren Heufeldern.

Der heilige Berg der Franken lockt Pilger und Franziskaner gleichermaßen an

Vor der ersten Kapelle, die 1598 entstand, gab es schon um 1400 ein erstes Wallfahrerkreuz, das im Bauernkrieg zerstört wurde. Fürstbischof Julius Echter von Mespelbrunn ließ dann 1582 drei Kruzifixe errichten. Die Nachfolgekreuze aus Stein von 1710 sind das Ziel der gegenwärtigen Kreuzberg-Wallfahrten. Bereits im Mittelalter zogen zahlreiche Prozessionen auf den „heiligen Berg", bis in den Wirren des Bauernkrieges 1524/25 die Wallfahrten eingestellt wurden. Bis zum Ende das 16. Jahrhunderts wurde der Kreuzberg aber wieder ein viel besuchter Wallfahrtsort. Nachdem im 16. Jahrhundert sogar ein Wunderbericht in der Bevölkerung kursierte, ließ Fürstbischof Julius Echter 1589 mit Blick auf die nahe gelegenen Fuldaer Territorien und den konkurrierenden Volkersberg eine kleine Wallfahrtskapelle sowie eine erste Kreuzigungsgruppe errichten. Dieser Kreuzgruppe verdankt der Berg seinen

heutigen Namen. Im Jahr 1627 wurden dann die Franziskaner aus dem Kloster Dettelbach mit der Wallfahrtsseelsorge beauftragt; sie kamen anfangs zunächst nur in den Sommermonaten auf den Kreuzberg, um die Pilger zu betreuen. Die Franziskaner waren es wohl auch, die die Legendenbildung um Kilian ins Spiel brachten, um so dem Wallfahrtsort eine jahrhundertealte Legitimation zu verleihen. In der Folgezeit nahmen die Pilgerströme rasch und stetig zu. Nach dem Dreißigjährigen Krieg war die Kapelle dem großen Zulauf schließlich nicht mehr gewachsen, so dass Fürstbischof Peter Philipp von Dernbach ab 1681 die Kirche vergrößerte und ein Kloster errichtete. 1685 bezogen sechs Patres und sechs Laienbrüder den langgestreckten Konventbau. Feierlich geweiht wurden Kirche und Kloster am 6. Juli 1692. Fürstbischof Johann Philipp von Greiffenclau, der selbst öfters auf dem Kreuzberg weilte, ließ 1699 bis 1706 den sogenannten Fürstenbau als Gästetrakt und spätere Infirmerie erbauen. Das heutige Treppenhaus soll 1726 von Balthasar Neumann geplant worden sein.

Einfache Architektur gemäß der Armutsregel

1731 erging die Erlaubnis zur Einrichtung der Klosterbrauerei. Die Klostergebäude sind von einfacher Architektur und folgen damit den Forderungen der franziskanischen Armutsregel. Allein die Kirche hebt sich durch

Außen franziskanisch schlicht, innen üppig mit viel Barock und Rokoko: die Kreuzberger Klosterkirche.

ihre von zumeist regionalen Meistern des 17. und 18. Jahrhunderts geschaffene Innenausstattung von diesem Konzept der bewussten Schlichtheit ab.
Bereits 1710 war der Kapellenkreuzweg als einer der ersten in ganz Deutschland entstanden, nachempfunden dem Weg Jesu in Jerusalem zu seiner Hinrichtung auf Golgatha. Der Stationsweg mit seinen Kapellen führt bis heute von der Kirche aus hinauf zu den drei Kreuzen am Gipfel als zwölfte Station. In ihren Entfernungen entsprechen die Stationen übrigens exakt denen des Jerusalemer Kreuzwegs.
Im Jahr 1790 wirkten 24 Franziskaner auf dem Kreuzberg. Trotz der Säkularisation und der formellen Aufhebung der Klöster im Jahr 1803, welche der Kreuzberg-Wallfahrt ein jähes Ende bescherte, lebten 1816 noch immer 16 Mönche im Kloster. König Ludwig I. verfügte nach einem Besuch im Jahr 1826 per Dekret endgültig das Weiterleben der Niederlassung. Fortan konnten wieder Novizen aufgenommen werden. 1835 wurde das Kloster der bayerischen Franziskanerprovinz angegliedert und zwischen 1840 und 1850 umfassend erneuert.

Persönlicher Empfang für jede Pilgergruppe

In den fünfziger Jahren des 20. Jahrhunderts entstanden schließlich ein neues Brauereigebäude sowie der Antonius- und Marienbau für Wallfahrer und Touristen. Und das war auch wichtig, denn pro Jahr werden auf dem

Auf dem heiligen Berg der Franken: Über dem Kreuzberg kommt nur noch der Himmel.

Kreuzberg zwischen 600 000 und 800 000 Besucher gezählt.
Vor allem im Spätsommer und Frühherbst herrscht hier großes Gedränge, wenn die Klosterkirche zum Ziel von 70 bis 80 Wallfahrten wird.
Obwohl die Ordensmänner jeden herzlich begrüßen, haben Wallfahrer und Pilger gemäß alter Tradition Vorrang. So wird jede Gruppe persönlich in der Kirche empfangen; außerdem bieten die Patres zahlreiche Pilger-Gottesdienste an und nehmen regelmäßig die Beichte ab. In den Gebeten und Predigten der Franziskaner steht – ganz dem Thema des Ortes gemäß – die Kreuzestheologie des hl. Franziskus im Mittelpunkt, denn „ohne das Kreuz wäre unser Glaube nutz- und sinnlos", sind die Patres überzeugt.

Ein Haus zur inneren Einkehr und eine Ausstellung über Franz von Assisi

Derzeit leben im Kloster Kreuzberg sieben Franziskaner. Zu ihren Aufgaben zählen die Wallfahrtsseelsorge, Exerzitienangebote und Seelsorgsaushilfen. Die Verrichtung der praktischen Tätigkeiten in Brauerei, Schänke und Pensionsbetrieb wird von knapp 80 weltlichen Angestellten wahrgenommen. Da die Franziskaner zu den Bettelorden zählen, legt man großen Wert auf die Feststellung, dass Konvent und Wirtschaft keine wirtschaftliche Einheit bilden.
Der Kreuzberg und sein Franziskanerkloster sind seit Dezember 2008 um einen einmaligen Ort der Begegnung, Besinnung sowie des Erlebens reicher: das Bruder-Franz-Haus. Das historische, denkmalgeschützte Haus von 1687 gehört zu den ältesten Gebäuden am Kreuzberg und lädt alle Menschen ein, die Gedankenwelt des Heiligen und der franziskanischen Ordensgemeinschaft kennen zu lernen (geöffnet täglich von 10 bis 17 Uhr, Eintritt: frei).
Den Mittelpunkt des Hauses bildet die eindrucksvoll gestaltete Ausstellung „Franz von Assisi und Gottes Schöpfung". Darüber hinaus gibt es dort nach dem Sonnengesang des hl. Franziskus gestaltete Meditations- und Ruheräume sowie einen Andachts- und einen Seminarraum. Das Haus wird komplettiert durch Funktionsräume für Wallfahrer, Wanderer und Biker. Ein Franziskaner steht für seelsorgerische Gespräche zur Verfügung. Als Mehrfunktionenhaus dient die Einrichtung auch als touristisches Informationszentrum über den Kreuzberg und die Rhön.

Führungen

Da die Franziskaner am Kreuzberg in Klausur leben, werden vom Kloster selbst keine Führungen angeboten. Man kann aber an der Klosterpforte anfragen, ob eine Besichtigung möglich ist.
Das zum Kloster gehörende Bruder-Franz-Haus bietet aber regelmäßig eineinhalbstündige Führungen rund um die Klosteranlage an; weitere Infos hierzu unter www.bruder-franz-haus.de und Tel. 0 97 72 / 93 28 53.

Klosterkirche

Die Klosterkirche am Kreuzberg ist eine typische franziskanische Anlage ohne Turm, nur mit Dachreiter. Über dem Barockportal mit gesprengtem Giebel ist das dreiteilige Allianzwappen der Würzburger Fürstbischöfe Johann Gottfried von Guttenberg, Peter Philipp von Dernbach und Konrad Wilhelm von Wernau, als Bauherren der Kirche, angebracht.

Das Innere ist ein schlichter Saalbau mit vier Jochen, abgetrennt durch toskanische Pilaster, auf denen Kreuzgratgewölbe ruhen. Die Ausstattung entspricht im Wesentlichen dem Barock und dem Rokoko. Die Einrichtung der Kirche stammt zum großen Teil aus dem 17. Jahrhundert und steht ganz im Zeichen des Kreuzes. Das Herzstück der Kreuzverehrung ist ein Kreuzpartikel, die 1654 als Geschenk des Bischofsheimer Oberamtmanns Paßmann auf den Berg gelangte. Paßmann hatte das bis heute verehrte Reliquiar zuvor von seinem Bruder Georg, der als Rektor des Jesuitenkollegs in Maastricht wirkte und 1638 von Calvinisten ermordet wurde, auf abenteuerliche Weise übermittelt bekommen. Seit 1700 ist es in einer Silbermonstranz gefasst.

Im Zentrum des Hochaltars von 1692, der mit Rokoko-Elementen ergänzt wurde, steht das barocke Kruzifix, das von einem goldenen Strahlenkranz umgeben ist. Darunter trauern Maria und Johannes, über der Szene sind in einem Medaillon Gottvater sowie der hl. Geist in Gestalt einer Taube zu erkennen. Erwähnenswert ist ferner der Sandsteinaltar aus der von Julius Echter 1598 erbauten Kapelle; er befindet sich heute im Chorraum, flankiert von zwei Engeln mit den Leidenswerkzeugen Christi.

Holzplastiken berühmter Heiliger zieren die Kanzel der Klosterkirche.

Franziskus und das Kreuz: spirituelle Symbolik und eine mächtige Bildsprache

Das Hauptgemälde des linken Seitenaltars zeigt die Beweinung Christi und ist eine Kopie des Gemäldes des berühmten Rubens-Schülers Anthonis van Dyck. Am rechten Seitenaltar steht die Kreuzesvision des hl. Franziskus im Mittelpunkt: Den Ordensgründer flankieren verschiedene franziskanische Heilige – Klara, die Gründerin des Klarissen-Ordens, der Kirchenvater und

Ein Kirchenraum mit viel Rokoko, das Kruzifix im Hochalter stammt aber aus dem Barock.

Ordensgeneral Bonaventura sowie die Drittordenspatrone Elisabeth von Thüringen und König Ludwig der Heilige.
Ein weiterer Altar in einer Seitenkapelle ist Antonius von Padua gewidmet und stellt Szenen aus seinem Leben dar. Die Kanzel wiederum birgt Holzplastiken bedeutender Franziskanerheiliger, darunter der hl. Franziskus, Antonius von Padua, Bonaventura da Bagnoregio, Ludwig von Toulouse, Petrus von Alcantara, Bernhard von Siena und Johannes von Capistrano.
Auch die Deckengemälde thematisieren das Kreuzmotiv: Sie zeigen die Auffindung des wahren Kreuzes durch Kaiserin Helena, die Rückführung und Kreuzerhöhung durch Kaiser Heraklius sowie die Stigmatisierung des hl. Franziskus. In der nördlichen Seitenkapelle zieht ein aufwändiger Antoniusaltar die Blicke auf sich. Beachtenswert: die auf Holztäfelchen gemalten legendären Wundertaten des beliebten Volksheiligen – angefangen von der Rettung Schiffbrüchiger bis hin zur Befreiung Gefangener.
Auch die Franziskaner weisen immer wieder auf die allgegenwärtige Bildsprache des Kreuzes in der Kirche hin. Damit soll den Besuchern eine Beziehung zum Gekreuzigten ermöglicht werden.

Brauerei

Nicht etwa das am Fuße der Alpengipfel gelegene Kloster Ettal, sondern das Kloster Kreuzberg in der Rhön beherbergt die höchst gelegene Klosterbrauerei in Bayern, die wiederum auf eine fast 300-jährige Geschichte zurückblicken kann. Die Brauerei wurde dem Kloster im Jahre 1731 angegliedert, nachdem in jenen Tagen immer mehr Menschen auf den „heiligen Berg" der Franken pilgerten – und die wollten schließlich verköstigt werden.
Der Kreuzberg und das Bier – das ist eine gleich in vielfacher Hinsicht besondere Geschichte. Zum einen steht hier die einzige Brauerei, die der Franziskanerorden in Deutschland betreibt, zum anderen wurde der Kreuzberg von der Säkularisation verschont. Während überall sonst in Bayern der klösterliche Besitz verstaatlicht wurde, blieb hier alles beim Alten. So ist die Brauerei bis heute, ohne Unterbrechung, im Besitz der bayerischen Franziskaner.

„Die einen zur Kirche, die anderen zum Krug"

Und noch etwas war lange Zeit besonders: Früher gab man das Bier kostenlos an die Pilger ab. Diese wiederum zeigten sich nicht kleinlich und hinterlegten neben den leeren Maßkrügen ein Biergeld. Weil die Pilgerzahl weiter stieg, die Gläubigen aber immer

Früher ganz normal am Kreuzberg: Vor Erfindung der Kühltechnik wurde im Winter viel Schnee in die Lagerkeller geschaufelt, um das Bier kühl zu lagern und länger haltbar zu machen.

knauseriger wurden, hielt sich der Brauch nur noch bis etwa 1920. Seitdem bezahlt man dort ein – nun nicht mehr freiwilliges – Entgelt.
Wie beliebt das Kreuzberger Bier war, blieb auch der hohen Geistlichkeit unten im Tal nicht verborgen: Michael von Faulhaber, der spätere Erzbischof von München und Freising, hat sich im Jahr 1901 ins Gästebuch des Klosters mit folgender Bemerkung eingetragen: „Den Kreuzberg herauf kam ein endloser Zug, die einen zur Kirche, die anderen zum Krug." Und dieser Zug ist bis heute nicht abgerissen. Kein Wunder also, dass es in jenen Tagen auch schon mal zu Beschwerden aus dem Kloster kam, weil den Franziskanern die fröhlichen Zecher einfach zu laut wurden. Dem hat man inzwischen vorgebeugt: die Klostergaststätte schließt um 20 Uhr.

Klein, aber mit modernster Technik ausgestattet: das Kreuzberger Sudhaus.

Brauerei

Lange Zeit war die Brauerei noch ein sehr ursprünglicher Ort. So wurde etwa bis ins Jahr 1954 nur mit Schnee und Eis gekühlt: Dazu packte man die Lagerfässer aus Eichenholz in den Wintermonaten in Schnee und Eis ein. In den unterirdischen Gewölbekellern hielt sich der Schnee bis in die späten Sommermonate, so dass auch an den warmen Tagen kühles Bier ausgeschenkt werden konnte. Da dies aber im Zeitalter fortschreitender Technologisierung nicht mehr zeitgemäß war, wurde nun mit dem Neubau eines Brauereigebäudes begonnen.

Geistliche Herren und weltliches Getränk – am Kreuzberg seit jeher eine wunderbare Symbiose.

Der jährliche Ausstoß hat sich auf dem Kreuzberg in den letzten Jahrzehnten auf rund 8500 Hektoliter erhöht, eine Menge, die nicht weiter gesteigert werden soll, schließlich sind die räumlichen Kapazitäten auf dem Kreuzberg begrenzt. Darüber hinaus ist der Kreuzberg eine klassische „Kirchturmbrauerei", die ihren Ausstoß beinahe vollständig vor Ort oder in der Nachbarschaft absetzt.

*Eine „Kirchturmbrauerei",
die ihr Bier in Fässer,
aber kaum in Flaschen füllt*

Dies erkennt man auch an der Produktion: Neben dunklem Bier werden Pils und Hefeweißbier sowie saisonal ein Weihnachtsbock fast ausschließlich in Fässer abgefüllt. Der Rest wird in 5- bis 50-Liter-Fässern an Liebhaber verkauft. An der Klosterschänke ist das Bier auch in Flaschen mit einem Fassungsvermögen von 1, 2 und 5 Litern erhältlich; dort kann man sich diese Flaschen auch jederzeit wieder befüllen lassen. Ein kleiner Anteil wird darüber hinaus an benachbarte Franziskanerklöster abgegeben.
So kann man das Kreuzberger Bier auch im Kloster Engelberg in Großheubach bei Miltenberg genießen.
Übrigens: Die Preise in der Klosterschänke hält man volkstümlich. Und die mit der Brauerei erwirtschafteten Gewinne werden von den Franziskanern wieder für Modernisierungs- und Erweiterungsarbeiten zur Verfügung gestellt.

Bräustüberl

Dass der Kreuzberg ein stark frequentiertes Ziel von Pilgern ist, spürt man auch in der Klostergaststätte, die täglich von 8 bis 20 Uhr geöffnet ist und mit sehr zivilen Preisen aufwartet. Auf der Karte finden sich vor allem Brotzeiten und deftige Gerichte der bürgerlichen Küche. Sitzplatzreservierungen sind nicht möglich. Bei schönem Wetter stehen vor und hinter dem Kloster sowie im Innenhof zahlreiche Plätze zur Verfügung. Die Klostergaststätte ist von Ende Oktober bis Anfang Dezember geschlossen, eine Einkehrmöglichkeit besteht während dieser Zeit im Berggasthof zum Elisäus.

Bier und Brotzeit mit Blick auf das Kloster Kreuzberg.

Sehenswürdigkeiten

Wer das Kloster Kreuzberg besucht und sich entschließt, für ein paar Tage in der Gegend zu bleiben, der hat die Qual der Wahl. Die Rhön, das nördlichste Mittelgebirge in Bayern, das bis nach Hessen und Thüringen hinüberreicht, bietet so viel unberührte Natur, das jedem leidenschaftlichen Wanderer warm ums Herz wird. Die Gemeinde Bischofsheim, in deren Grenzen auch der Kreuzberg liegt, kann mit endlosen Rad- und Wanderwegen, einem Braunkohlestollen und sogar einer ganzjährig geöffneten Skisprungschanze aufwarten.

Historische Altstadt: der Zentturm in Bischofsheim.

Einen Besuch lohnt auch der Kurort Bad Brückenau, mit seinen diversen Heilquellen und einem imposanten Staatsbad, das einen eigenen Ortsteil bildet. Dort befinden sich diverse prächtige, im klassizistischen Stil errichtete Gebäude wie der Kursaal, der Fürstenhof und der Elisabethhof; sehenswert ist auch der streng symmetrisch angeordnete Schlosspark.

Wanderwege, Heilquellen und eine Spielbank

Nicht weit entfernt von Bischofsheim ist auch Bad Kissingen mit seiner Spielbank, dem Regentenbau und dem Rosengarten sowie dem Bismarck-Museum.

Ein Traum zum Flanieren: der Kurpark von Bad Kissingen.

Franziskaner

Für die deutsche Provinz des Franziskanerordens ist der Kreuzberg ein ganz besonderer Ort: Jahr für Jahr haben bis zu 80 Wallfahrten diese markante Erhebung in der herben Rhönlandschaft zum Ziel.

P. Cornelius Bohl OFM

P. Cornelius Bohl OFM, als Provinzialminister für die knapp 300 Franziskaner in Deutschland verantwortlich, weist denn auch vor allem auf die spirituelle Bedeutung des Kreuzbergs hin, der bereits in vorchristlicher Zeit eine Kultstätte war, bevor der heilige Kilian dort das Kreuz aufrichtete: „Unser primärer Auftrag ist natürlich die Betreuung der Pilger." Dafür leben derzeit fünf Brüder in der Hausgemeinschaft auf dem heiligen Berg der Franken.

Franz von Assisi hat vor 800 Jahren seine Brüder bewusst in die Welt und zu den Menschen gesandt und in seinem berühmten „Sonnengesang" die Schönheiten der Schöpfung besungen. Darüber informiert auch die Ausstellung im „Bruder-Franz-Haus" direkt vor dem Kloster. Solche Zuwendung zu den Menschen ist auch auf dem Kreuzberg erfahrbar. Sie sollen sich hier als Pilger und Gäste willkommen und daheim fühlen. Dabei gehören die Sorge für die Seele und die Sorge für den Leib immer zusammen.

Dies drückt auch das Logo aus, das die Franziskaner für diesen Ort ausgewählt haben: „Glauben und genießen". „Und dazu gehört zweifelsohne die Freude an einem guten Bier", ist Bruder Cornelius überzeugt, der die Brauerei bei Geschäftsführerin Angelika Somaruga und Braumeister Ulrich Klebl in besten Händen weiß.

Übernachtung

Die Klosterpension bietet im Fürstenbau und im Antoniusbau modern eingerichtete Einzel-, Doppel- und Dreibettzimmer mit Dusche und WC (DZ ab 76 Euro). Im Franziskusbau und im Marienbau stehen weitere 70 Betten in einfach eingerichteten Gästezimmern mit fließend Warm- und Kaltwasser zur Verfügung. Duschen und Toiletten befinden sich auf der jeweiligen Etage (DZ ab 45 Euro).

Darüber hinaus bietet der Berggasthof Elisäus hinter dem Kloster und direkt neben der Wallfahrtskirche 23 Einzel- und Doppelzimmer unterschiedlicher Kategorie an (DZ ab 45 Euro).

Franziskaner Klosterbetriebe
97653 Bischofsheim/Rhön
Tel. 0 92 72 / 91 24 0
service@kreuzbergbier.de
www.kreuzbergbier.de

Kreuzberg Bierspezialitäten

Kreuzberger Dunkel

Der Klassiker, der in Kreuzberg seit 1731 gebraut und unfiltriert abgefüllt wird. Allein der Anblick beeindruckt: Kupfergold mit feurigem Orange und eine cremige Schaumdecke. Im Duft betören eine zitrusfrische Hopfennote und weiche Röstaromen, zu denen sich ein vollmundiger, trockener Geschmack mit Karamell- und Bitternoten gesellt.
Stammwürze 12,5 %, Alkohol, 5,4 % vol.

Kreuzberger Pils

Elegantes Pils, dessen goldene Farbe eine leichte Opaleszenz aufweist, weil dieses Bier nicht filtriert wird. Unter dem feinporigen, sahnigen Schaum entfaltet sich ein blumiges Hopfenaroma mit Anklängen von Zitrusfrüchten. Am Gaumen weich und harmonisch, zarte Hopfenbittere. Wer es kosten will, muss sich beeilen: Das Pils gibt es nur im Frühjahr, solange der Vorrat reicht.
Stammwürze 12,5 %, Alkohol 5,6 % vol.

Kreuzberger Weizen

Fruchtiges Weizenbier mit golden schimmernder Farbe und feiner Hefetrübung sowie festem, sahnigem Schaum. Duftet nach Hefe, reifen Früchten und Banane und überzeugt mit einem prickelnden, kräftigen Antrunk, der sich am Gaumen malzig-süß und fruchtig ausbreitet. Ein Grund, um nach Kreuzberg zu fahren, denn das Weizen gibt es ab 1. Mai eines jeden Jahres nur in der eigenen Klostergaststätte.
Stammwürze 12,5 %, Alkohol 5,6 % vol.

Weihnachtsbock

Noch so eine Spezialität aus der Rhön, die traditionsgemäß ab dem 1. Advent im Ausschank ist und von der nur ein Sud pro Jahr eingebraut wird. Alleine der Anblick betört: feuriges Mokkabraun mit leichtem Rotschimmer, dazu ein elfenbeinfarbener Schaum. In der Nase breiten sich weiche Röstnoten aus, während der Geschmack von einem kräftigem Malzkörper sowie dezenten Anklängen von Zartbitterschokolade und Kaffeenoten geprägt wird.
Stammwürze 17,5 %, Alkohol 7,5 % vol.

Das Bier vom Kreuzberg wird nicht in herkömmlichen Flaschen abgefüllt, sondern in Fässern sowie in wieder verwendbaren Flaschen mit einem Fassungsvermögen von mindestens 1 Liter. Aus diesem Grund hat Bayerns höchstgelegene Klosterbrauerei für ihr Bier keine Etiketten.

Kreuzberg-Geschäftsführerin
Angelika Somaruga und
Braumeister Ulrich Klebl

KLOSTER
KREUZBERG

Reutberg

Kloster Reutberg und Klosterkirche
Klosterbrauerei und Bräustüberl

Kloster Reutberg

Dass auf dem Reutberg, einer kleinen Anhöhe in der Gemeinde Sachsenkam zwischen Holzkirchen und Bad Tölz, ein Kloster errichtet wurde, ist der gescheiterten Heimtücke des Grafen Johann Jakob Papafava, dem Hofmarksherren von Reichersbeuern und Sachsenkam, zu verdanken. Der wollte im frühen 17. Jahrundert seine Frau Anna von Pienzenau ermorden lassen, was misslang, weshalb der Graf mit dem Schmuck und den Edelsteinen der Gemahlin nach Padua floh, wo er schließlich verhaftet wurde. Zum Dank dafür, dass sie ihre Pretiosen zurückerhielt, soll Anna der Legende nach die Stiftung eines Klosters für Kapuzinerinnen gelobt haben.

Dass sie hierfür den Reutberg auswählte, lag auf der Hand, denn dort hatte sie im Jahr 1606 gemeinsam mit ihrem Mann, als der noch keine Mordgelüste hegte, eine „Santa Casa", einen Nachbau des Wohnhauses der Gottesmutter Maria, anlegen lassen. Die Idee dazu war während einer Wallfahrt ins italienische Loretto entstanden, wo das adelige Paar eine Kopie der dort verehrten Marienstatue hatte anfertigen lassen. Am 31. Juli 1606 wurde der Grundstein für die Kapelle gelegt, bereits am 26. November 1606 konnte der Bau geweiht werden. Das aus Loreto mitgebrachte Gnadenbild der Gottesmutter wurde in einer Nische an der Ostwand der Kapelle angebracht.

Reutberg – das erste Kapuzinerinnenkloster in Bayern

Im Jahr 1618 wurde dann die Loretokapelle um zwei Seitenkapellen erweitert und ein Gebäude für den Konvent errichtet. Die ersten Schwestern kamen aus dem St. Maria-Kloster in St. Gallen in der Schweiz. Das am 19. Dezember 1619 eingeweihte Kloster Reutberg war zugleich das erste Kapuzinerinnenkloster in Bayern. Unter seinem Einfluss entstanden später dann die Konvente in Landshut und in Salzburg. Die wirtschaftliche Lage des Klosters Reutberg war

in den ersten Jahrzehnten seines Bestehens schwierig. Es war lediglich für sechs Schwestern geplant worden, doch bald lebten hier schon 14 Frauen. Hinzu kamen die Bedrängnisse des Dreißigjährigen Krieges, die 1631 die Nonnen zur Flucht veranlassten.
Auch im Bereich der Seelsorge gab es Schwierigkeiten. Der Konvent Reutberg war weder in die Kapuziner- noch in die Franziskanerprovinz eingegliedert. Auch gab es mit den von der Stifterin und später von ihren Erben ernannten Beichtvätern wiederholt Auseinandersetzungen. Die Schwestern bemühten sich deshalb um eine Eingliederung des Klosters in den Franziskanerorden, die 1651 vollzogen wurde. Damit verbunden waren die Einführung der strengen Klausur sowie des schulterlangen, schwarzen Schleiers als äußerem Zeichen der Ordenszugehörigkeit. Mit der Aufnahme in den Franziskanerorden war das Kloster exemt geworden, es war also nicht mehr dem Diözesanbischof, sondern dem Ordensoberen unterstellt. Die Seelsorge wurde fortan von zwei beim Kloster in einem kleinen Hospiz lebenden Patres übernommen. Seinen Lebensunterhalt bestritt der Konvent, nach der Abtretung des vormaligen Sammelbezirks an das Franziskanerkloster in Bad Tölz, aus Almosen und aus Erträgen aus der eigenen Landwirtschaft.

Ein zweiter Stifter sichert den Neubau

Ab etwa 1660 wurden die Kirche und die Klostergebäude wegen starker Beschädigungen mit finanzieller Unterstützung des Kurfürsten Ferdinand Maria renoviert. Auch neue Einrichtungen kamen hinzu, die 1688 eingerichtete und bis heute erhaltene Klosterapotheke. Durch das Anwachsen der Mitgliederzahl des Konvents und das erneute Auftreten von Baumängeln wurde zu Beginn des 18. Jahrhunderts ein kompletter Neubau der Klosteranlage notwendig. Die Finanzierung sicherte eine großzügige Stiftung des kurfürstlichen Hofkammerrats Christian Raßveldt, der als zweiter Stifter in die Klostergeschichte einging; nach seinem Tod 1746 wurde er im Chor der Klosterkirche beigesetzt. Die Bauarbeiten gingen zügig voran und trotz eines Brandes im Januar 1731 konnten die Nonnen bereits im Oktober 1731 das neue Gebäude beziehen.

Thront auf dem Reutberg: die im 18. Jahrhundert neu erbaute Klosteranlage.

Im Zuge der Aufklärung geriet der Franziskanerorden in Bayern unter Druck. Der Kurfürst schränkte das Betteln ein, forcierte die Reduzierung der Anzahl der Ordensmitglieder und versuchte die Niederlassungen des exemten Ordens unter bischöfliche und staatliche Kontrolle zu stellen. Von 1769 bis 1772 wurde den Franziskanermönchen sogar untersagt, die von ihnen seelsorgerisch betreuten Nonnenklöster wie Reutberg zu betreten.

Die Schwestern kaufen ihr Kloster zurück

Diese Entwicklung gipfelte schließlich unter Kurfürst Max IV. Joseph in der Aufhebung der Klöster. 1802 wurden das Frauenkloster und das Hospiz der Franziskaner auf dem Reutberg geschlossen und gingen in Staatseigentum über. Die Schwestern erhielten jedoch die Erlaubnis, bis zu ihrem Tod im Kloster, einem sogenannten Aussterbekloster, zu bleiben.

Im Jahr 1831 sahen sich die verbliebenen 14 Schwestern aus finanziellen Gründen nicht mehr in der Lage, das Kloster weiter zu führen. Sie wandten sich an König Ludwig I., der 1832 das Kloster unter der Bedingung versteigern ließ, dass die Schwestern bis zu ihrem Lebensende dort wohnen konnten. Als das Kloster 1835 erneut zum Verkauf stand, gelang es den Schwestern die Kaufsumme von 30.000 Gulden aufzubringen und ihren ehemaligen Besitz zurückzuerlangen.

Blick in die Loreto-Kapelle: In goldenem Licht erstrahlt das Gnadenbild.

Das Klosterleben blühte nach 1835 schnell wieder auf. Wie andernorts bei den bayerischen Frauenklöstern üblich wurde 1837 auch in Reutberg eine Mädchenschule für umliegende Orte eingerichtet. 1854 gehörten schon wieder 30 Nonnen dem Konvent an, die nach den Regeln strenger Klausur ein kontemplatives Leben führten. Eine besondere Rolle im Klosterleben des frühen 20. Jahrhunderts spielte die Ordensschwester Maria Fidelis Weiß, die frühere Handarbeitslehrerin der Mädchenschule und Organistin der Kirche. Die aus Kempten stammende Schwester Fidelis hatte intensive mystische Visionen und starb 1923 im Alter von 40 Jahren bereits im Ruf einer Heiligen. Ihre „außergewöhnliche Frömmigkeit" wurde erst nach ihrem Tod bekannt, gleichwohl wurde der Seeligsprechungsprozess bereits 1936 eröffnet. Im Jahr 1977 wurde der bischöfliche Informationsprozess in Rom abgeschlossen und der Apostolische Prozess geführt. Am 1. Juni 2007 wurde ihr schließlich durch Papst Benedikt XVI. der heroische Tugendgrad verliehen. Schwester Fidelis ist in der Klosterkirche beigesetzt, ihr Grab ist das Ziel vieler persönlicher Bittgänge.

Die strenge Klausur der Franziskanerinnen ist auch heute noch geblieben

Geblieben ist von dem einstmals regen klösterlichen Leben die strenge Klausur der Schwestern, die dem Regulierten Dritten Orden des hl. Franziskus angehören. Allerdings leben heute nur noch zwei Nonnen und ein Spiritual als Hausgeistlicher im Kloster Reutberg. Wer das Kloster besichtigen möchte, muss an der Pforte darauf hoffen, dass ihm Einlass gewährt wird. Das klappt nicht immer, manchmal aber hat man Glück.

Führungen

Da die Franziskanerinnen in Klausur leben, ist eine Besichtigung des Klosters nicht möglich. Für einen Besuch der historischen Apotheke des Klosters benötigt man eine Sondergenehmigung der Erzdiözese München-Freising.
Die Klosterbrauerei hingegen steht Besuchern offen: Von Oktober bis April werden Führungen angeboten; die Termine dafür werden von der Gäste-Information in Lenggries koordiniert, weshalb man sich bei Interesse auch da hinwenden sollte (www.lenggries.de, Tel. 0 80 42 / 500 88 00).
Führungen für Gruppen können auch direkt bei der Brauerei gebucht werden (Tel. 0 80 21 / 258).
Die Teilnahmegebühr beträgt aktuell 7 Euro pro Person (inkl. 3 Probierflaschen).

Kirche und alte Apotheke

Die barocke Pracht, die oberbayerische Kirchen häufig schon von weitem erahnen lassen, sucht man auf dem Reutberg vergebens. Schließlich handelt es sich hier um ein Kloster des Franziskaner-Ordens, und demzufolge ist die Kirche mit dem markanten Zwiebelkappenturm auch in franziskanischer Tradition ein vergleichsweise einfacher Bau.

Ein Segen für die ganze Region: die Klosterapotheke

Das Innere der Kirche überrascht den Besucher: Vermutet man von außen einen weiten Raum, so lassen der tief eingezogene Schwesternchor und die enge Loretokapelle das mit aufgemaltem Stuck und kleineren Freskobildern verzierte Schiff erstaunlich klein wirken. Die der Jungfrau Maria geweihte Kapelle wurde nach dem Vorbild im italienischen Wallfahrtsort Loreto errichtet. Wie in Loreto auch steht die Kapelle ziemlich im Dunkeln, ihr blaues Gewölbe mit den Sternen versinnbildlicht das Firmament, und an den Wänden sind Steine aufgemalt. Das Gnadenbild im Altar aber stammt aus Italien, aus einer Werkstatt in Loreto.
Im Gegensatz zu anderen Loretokapellen wie etwa jener in Birkenstein bei Fischbachau will die Reutberger nicht selber ein „Goldenes Haus" sein, sondern durch

Nur mit einer Sondererlaubnis zugänglich: die Reutberger Klosterapotheke.

ihre betonte Schlichtheit auf Maria als das eigentliche „Goldene Haus" hinweisen.
Das Gnadenbild befand sich ursprünglich übrigens in einer Nische der Ostwand. Später hat man durch die jetzige Drapierung den Altarraum verkürzt und damit eine Bühne für das Gnadenbild geschaffen. Die Reutberger Loreto-Madonna war früher mit einem barocken Stoffgewand bekleidet, ehe die aus Olivenholz geschnitzte Figur jenen Mantel und Schleier erhielt, den sie noch heute trägt.
Dass Reutberg eine Loretokirche ist, sieht man auch an den überall verteilten Anrufungen der Lauretanischen Litanei. Sie beginnen mit dem „Kyrie eleison" über dem Gitter des Schwesternchores und reichen bis zur Anrufung „Haec domus aurea" (Goldenes Haus) auf dem Freskobild über der Uhr des Chorbogens. Dort dargestellt ist die Übertragung des hl. Hauses von Nazareth nach Loreto, wobei sich der unbekannte Maler im grünen Kittel unter dem Schutzmantel der Gottesmutter selbst verewigt hat.
Der eigentliche Schatz des Klosters aber ist die aus dem Jahr 1688 stammende Apotheke, die aufgrund der strengen Klausur der Franziskanerinnen nur mit einer Sondererlaubnis der Erzdiözese München-Freising besichtigt werden darf. Bei der Apotheke handelt es sich um eine Schenkung: Der Pfarrer Dietenhauser vom Heilig-Geist-Spital in München wollte als gebürtiger Sachsenkamer dem Kloster in seiner Heimatgemeinde kurz nach dessen Gründung helfen, in der Bevölkerung eine größere Verankerung zu finden. Und das gelang auch, denn die beinahe unverändert erhalten gebliebene Apotheke hatte früher für die ganze Region eine große Bedeutung.
Bis zur Säkularisation 1802 wurden in Reutberg noch Kranke gepflegt, und manchmal wohnten die Angehörigen bei den Patienten und halfen bei der Pflege, bis diese wieder gesund waren.

Rund 800 Heilmittel – darunter auch Katzenfett

An den Wänden des lang gestreckten Raums unter dem Kreuzgewölbe stehen die Schränke und Regale aus bemaltem Holz, in den Regalen befinden sich Glasflaschen und Holzdosen, die vorzugsweise mit Blüten und Blättern verziert sind. In der Mitte befindet sich ein großer, ovaler Tisch mit einer Waage sowie drei Bücher mit Rezepten und Pflanzenbeschreibungen, die bis ins 17. Jahrhundert zurückreichen. Die Schwestern waren in der gesamten Region für ihre Heilkunst sehr geschätzt und bildeten auch junge Nonnen aus, so dass dieses Wissen immer weitergegeben wurde.
Die Apotheke, die einst über rund 800 Heilmittel und Arzneien verfügt hat, war bis in die 1920er Jahre in Betrieb. Viele kleine Flaschen und Dosen, die zum Teil sogar noch Flüssigkeiten enthalten, sind aus jener Zeit noch erhalten. Neben Arnika- und Rosenwasser findet man dort auch Melissengeist und Myrrhentinktur, aber auch Fuchs-, Dachs- und Katzenfett.

Brauerei

Als die Gräfin Anna von Pienzenau das Kloster Reutberg errichten ließ, dachte sie an vieles, nur nicht daran, dass auch Nonnen gerne Bier statt Wasser zum Essen trinken, zumal wenn sie in der Landwirtschaft tätig sein und somit schwere körperliche Arbeit verrichten mussten. Fast 60 Jahre lang haben sich die Reutberger Schwestern mit Wasser begnügt, ehe sie 1677 von der kurfürstlichen Regierung eine Konzession zur eigenen Herstellung von Bier erbaten. Im gleichen Jahr konnte am 29. September endlich der erste Sud eingebraut werden. Zwei Jahre später erhielt das Kloster einen Laienbruder der Franziskaner als „Frater Bräu" zur Verstärkung. Über hundert Jahre lang brauten die Schwestern ihr Bier nur für den Eigenbedarf, ehe die Chronik 1786 erstmals von einem starken Zulauf Reisender aus ganz Bayern, aber auch „fernen Landen", von entlassenen Soldaten und „verarmtem Volk" berichtet, die sich alle eine „solide Gabe" an der Klosterpforte erhofften.

Die Schwestern schenken aus – von früh bis spät

Den Besuchern setzte man nun statt des teuren, zumeist aus Südtirol stammenden Weines einen Krug Reutberger Bier vor, was aber nicht ohne Folgen blieb. Die umliegenden Bierbrauer, vor allem jene aus Bad Tölz, warfen den Schwestern auf dem Reutberg vor, dass sie ihre Braukonzession missbrauchen und eine Bauernschänke unterhalten, in der von früh bis spät Bier ausgeschenkt werde. Daran hat sich in der kurzen Zeit bis zur Säkularisation nichts geändert. Danach kehrte erst einmal Ruhe ein, weil mit der Auflösung der Klöster und der

Urig und verwinkelt: Seit über 100 Jahren befindet sich die Reutberger Brauerei nun schon außerhalb der Klostermauern.

Verstaatlichung der klösterlichen Betriebe auch das Brauwesen auf dem Reutberg fast völlig zum Erliegen kam.
Nach der Wiedererrichtung des Klosters im Jahre 1835 wurde ihm von König Ludwig I. auch das sogenannte fremde Braurecht verliehen. Was unter der Leitung des nun weltlichen Braumeisters aus den Sudkesseln kam, wurde an der Klosterpforte verkauft und in der sogenannten Zech- und Bauernstube konsumiert. Das Reutberger Bier muss schon in jenen Tagen sehr gut gewesen sein, denn die Zecher wollten von einer Sperrstunde nichts wissen. Dass ging so weit, dass sich Erzbischof Gregorius von Stein veranlasst sah, den Bau einer Schänke außerhalb der Klostermauern zu vollziehen, um dem Kloster die Einnahmen aus dem Bierausschank zu erhalten und trotzdem die klösterliche Ruhe zu bewahren.

Sturm der Entrüstung: Die Bevölkerung verhindert Schließung der Brauerei

Im Jahre 1901 wurde die Brauerei an der heutigen Stelle neu errichtet, aber bereits drei Jahre später waren die Gebäude für die damalige Nachfrage zu klein geworden, überdies entsprachen die Anlagen nicht mehr den neuen technischen Anforderungen. Die Franziskanerinnen hatten deshalb schon die Erlaubnis des Ordinariats in München, den Braubetrieb einstellen zu dürfen, als ein Sturm der Entrüstung in der Bevölkerung aufbrandete. Es wurden Unterschriften gegen diesen Beschluss gesammelt, und man

Erinnerung an den wichtigsten Mann in der jüngeren Geschichte der Reutberger Brauerei: Pfarrer Alois Daisenberger.

drohte sogar unverhohlen damit, das Kloster in Brand zu setzen. Der Sachsenkamer Pfarrer Gruber konnte schließlich das Ordinariat dazu bewegen, diesen Beschluss wieder zurückzunehmen. Die Wogen glätteten sich, und auf dem Reutberg wurde weiter Bier gebraut. Die nächste Krise sollte aber nicht lange auf sich warten lassen: Durch den 1. Weltkrieg und die Inflation sank der Bierabsatz rapide, im Jahr 1924 blieb die Brauerei sogar für acht Monate geschlossen. Da kamen die Bauern aus Reichersbeuern, Greiling und Sachsenkam unter Führung von Pfarrer Alois Daisenberger auf den Gedanken, eine Brauereigenossenschaft zu gründen, die vor allem kostengünstigeres Bier als alle übrigen Brauereien liefern sollte. Gesagt, getan: Am 23. Oktober 1924 wurde von 42 Genossen eine Brauereigenossenschaft mit Sitz auf dem Reutberg gegründet, die dort noch heute tätig ist – und das mit so großem Erfolg, dass das Bier nicht nur um den Reutberg herum, sondern auch in München, Berlin und Hamburg gefragt ist.

Biergarten und Bräustüberl

Biergärten gibt es viele in Bayern, aber kaum einen mit solch einem Panorama: unten die Ausläufer des Kirchseemoores, dahinter üppig grüne Hügel mit Kirchturmspitzen und ganz hinten die Berge, von der Benediktenwand bis zum meist schneebedeckten Karwendelgebirge. Wer sich im Reutberger Klosterbräustüberl niederlässt, wird aber nicht nur mit der Aussicht belohnt, sondern unter den mächtigen Kastanien (oder drinnen, wenn es regnet oder schneit) mit einer grundehrlichen, bodenständigen Küche. Bernhard Haindl und Schorsch Lichtenegger bringen keine modernen Sperenzchen auf den Teller, sondern klassische bayerische Gerichte – und das in bemerkenswerter Qualität. Geöffnet hat das Klosterbräustüberl täglich von 10 bis 24 Uhr.

Traumhafte Kulisse: Es gibt nur wenige Biergärten, die so schön gelegen sind und wo man es deshalb ganz besonders gut aushalten kann, wie jenen auf dem Reutberg.

Übernachten unterm Reutberg

Im Kloster selbst gibt es keine Übernachtungsmöglichkeit, das beschauliche Sachsenkam verfügt auch über keine Sternehotellerie, dafür aber über einen blitzsauberen Gasthof: Der Neuwirt bietet neben Gästezimmern mit Dusche, WC und TV (DZ ab 54 Euro) auch zwei modern eingerichtete Ferienwohnungen, die aber im Wohnhaus der Wirtsfamilie Pfatrisch in traumhafter Lage mitten im Naturschutzgebiet Kirchseemor untergebracht sind. Und: Das in der Neuwirt-Küche verwendete Rindfleisch stammt aus eigener Landwirtschaft.

Gasthof zum Neuwirt
Tölzer Straße 1
83679 Sachsenkam
Tel. 0 80 21 / 55 06
webmaster@neuwirt-sachsenkam.de
www.neuwirt-sachsenkam.de

Nur zehn Kilometer vom Reutberg entfernt befindet sich in idyllischer Lage das Bio-Landhotel Moarwirt, das über 18 elegante Zimmer mit Bad, Dusche, WC und TV verfügt (DZ ab 105 Euro). Im Restaurant wird eine vielfach ausgezeichnete alpenländische Küche serviert. Da gibt es noch Kalbsherz und Backhendl sowie ein Böfflamott, das 36 Stunden geschmort wird.

Bio-Landhotel Moarwirt
Sonnenlängstr. 26
83623 Hechenberg/Dietramszell
Tel. 0 80 27 / 10 08
kontakt@moarwirt.de
www.moarwirt.de

Sehenswürdigkeiten

Abgesehen vom gerade einmal 45 Autominuten in nördlicher Richtung entfernten München ist Sachsenkam am Fuße des Reutbergs ein idealer Ausgangspunkt, um die Umgebung im Süden zu erkunden. Da ist schon rein geographisch das gerade mal zehn Kilometer entfernte Bad Tölz die erste Adresse. Dort findet an jedem 6. November die größte und schönste Leonhardifahrt auf dem Globus statt. Mindestens genauso beeindruckend und das ganze Jahr über zu bestaunen ist die vom Verkehr befreite Marktstraße, ein einzigartiges spätmittelalterliches und barockes Ensemble mit Häusern von Patriziern und wohlhabenden Kaufleuten, die fast durchgängig von prächtigen Lüftlmalereien geschmückt werden.
Nicht weit ist es vom Reutberg auch nach Lenggries, wo man mit der Seilbahn aufs Brauneck in jene Gebirgswelt fahren kann, die einen vom Biergarten des Klosterbräustüberls aus schon begrüßt. Unbedingt sehenswert ist auch das Franz Marc Museum in Kochel mit einer einzigartigen Ausstellung an Originalwerken des größten deutschen Expressionisten.

Schmuckkästchen an der oberen Isar: die Flößerstadt Bad Tölz.

Genossenschaften sind immer dann ein probates Mittel, um wirtschaftlichen Erfolg zu erzielen, wenn dies einem einzelnen nicht möglich ist. Denn: Gewinn und Risiko werden bei einer Genossenschaft auf viele Schultern verteilt. Das war auch der Grundgedanke, als die nach dem 1. Weltkrieg ins Trudeln geratene Brauerei auf dem Reutberg am 23. Oktober 1924 in eine Genossenschaft umgewandelt wurde. Schon im ersten Jahr kamen die Reutberger auf einen Bierausstoß von 3.364 Hekotliter sowie eine Mitgliederzahl von 150 Genossen.
Fünf Jahre später, mitten in der Weltwirtschaftskrise, betrug der Jahresausstoß bereits 9.000 Hektoliter, und als der 2. Weltkrieg ausbrach, hatten die Reutberger nicht weniger als 12.000 Hektoliter abgefüllt.
Nach Kriegsende ging es schon bald so weiter, im Jahr 1968 kam die Klosterbrauerei auf einen Ausstoß von 35.000 Hektoliter. Zwanzig Jahre später hatten dann aber auch die Reutberger ihre Krise, der Zusammenschluss mit der Brauereigenossenschaft im nahen Holzkirchen schien unausweichlich.

Was für eine Dividende: zwei Maß Bier und ein Hendl

Abgewandt wurde die Fusion nur durch den vehementen Widerstand der Reutberger Genossen – und die sollten Recht behalten. Heute geht es der Brauerei so gut wie nie, der Ausstoß beläuft sich auf jährlich 22 000 Hektoliter, und im gesamten Tölzer Land sind die Reutberger unangefochtene Nummer eins.

Einmal im Jahr, zur Genossenschaftsversammlung im März, wird der Josefibock eingebraut.

«Nationalsport» bei Festen im Tölzer Land: das Fingerhakeln.

Derzeit verfügt die Brauereigenossenschaft über rund 5.300 Mitglieder, die nicht nur aus dem unmittelbaren Umfeld kommen, sondern auch in Berlin und Südtirol zu finden sind. Mitglied bei den Reutbergern zu sein, ist für die Honoratioren der Region eine Ehrensache. Um nicht ins Unendliche und Anonyme zu wachsen, hat die Brauerei aber einen Aufnahmestopp verfügt. Wer einen Anteil an der Genossenschaft erwerben will, muss in der Regel zwei Jahre warten, bis ein Platz durch Aufkündigung der Mitgliedschaft (kommt so gut wie nicht vor) oder natürliche Fluktuation frei wird. Und damit keiner auf eine falsche Idee kommt, ist auch die Gewinnausschüttung auf dem Reutberg klar geregelt: Als Dividende gibt es bei der Generalversammlung, zu der jedes Mitglied eingeladen wird, zwei Maß Bier und einen Schweinsbraten oder ein halbes Hendl. Diese Generalversammlung findet jedes Jahr im März während des Josefi-Festes in einem riesigen Festzelt statt, bei dem an den anderen Tagen der unvergleichlich süffige Josefibock ausgeschenkt wird. Mehr unverfälschtes Bayern an einem Abend geht nicht.

Abgestimmt über die Brauerei wird im Bierzelt am Fuße des Reutbergs.

Reutberger Bierspezialitäten

Export Dunkel

Das untergärige Bier wird zu 100 Prozent aus dunklem Malz hergestellt, woraus seine kastanienbraune Farbe resultiert. Der Geruch hat einen angenehmen Malzduft, im Geschmack vollmundig-malzaromatisch bei leicht betonter Bitternote.
Stammwürze 12,9 %, Alkohol, 4,8 % vol.

Reutberger Kloster Märzen

Diese Rarität wird je zur Hälfte aus hellem und dunklem Malz hergestellt, wodurch seine kräftige Farbe entsteht. Im Geruch ist es malzbetont, körperreich mit leichter Hopfenblüte. Der Name Märzen resultiert aus der Zeit, in der im Sommer nicht gebraut werden konnte. So wurde im März ein stärkeres Bier eingebraut, das den Sommer über reichen musste.
Stammwürze 13,8 %, Alkohol 5,6 % vol.

Reutberger Heller Bock

Dieses Bier besticht durch seine goldgelbe Farbe, in der Nase viel Frucht, gepaart mit Noten von Honig, Thymian und Erdnuss. Im Geschmack malzbetont, süffig und mit leichter Hopfennote, angenehm weiche, cremig-süße Aromen.
Stammwürze 16,8 %, Alkohol 6,7 % vol.

Reutberger Josefibock

Das nur im Frühjahr für begrenzte Zeit angebotene Bier aus je zur Hälfte dunklem und hellem Malz hergestellte Bier besticht durch seine bernsteinartige Farbe. Der Geruch ist angenehm malzaromatisch, im Geschmack leicht malzig, vollmundig mit betonter Bittere. Am Gaumen leichte Anklänge von Pflaumen, Rohrzucker und Orangenschale, warme Süße, ein Schwergewicht ohne Wenn und Aber.
Stammwürze 17,8 %, Alkohol 6,9 % vol.

Reutberger Aegidius Trunk

Ein naturtrübes Märzenbier, wie es früher überall gebraut wurde. Heute gibt es dieses saisonale Festbier in der Flasche jeweils ab Mitte August, solange der Vorrat reicht. Im Klosterbräustüberl ist diese Spezialität das ganze Jahr über im Ausschank. Dezent in der Nase, aber kraftvoll am Gaumen mit viel Malzaromatik und Vollmundigkeit sowie einer sanften Säure und dezenten Karamellnoten.
Stammwürze 13,5 %, Alkohol 5,6 % vol.

Reutbergs Vorstandsvorsitzender
August Maerz (li.) und der zweite
Braumeister Florian Auracher

KLOSTER REUTBERG

Scheyern

Kloster Scheyern und Klosterkirche
Brauerei und Klosterschenke

Kloster Scheyern

Als Gründerin des Klosters Scheyern gilt die Gräfin Haziga, die aber, als sie sich zu diesem ehrenwerten Schritt entschloss, einen beinahe unbesiedelten Flecken an der heutigen Grenze zu Tirol im Blick hatte. Als Witwe des Grafen Otto II. von Scheyern überließ Haziga nämlich um 1076 den Eremiten Otto und Adalprecht ein Waldgebiet beim heutigen Bayrischzell südlich des Schliersees zur Gründung einer Einsiedelei. Diese „Zelle" schenkte Haziga kurze Zeit später dem Benediktiner-Reformkloster Hirsau im Schwarzwald, das zwölf Mönche und Laienbrüder zur Errichtung eines Klosters sandte. Noch vor 1087 siedelte der Konvent in das günstiger gelegene Fischbachau über, das bis zur Säkularistion 1803 als Propstei des Klosters Scheyern fortbestand. Das dortige Martinsmünster gilt als der älteste noch erhaltene Hirsauer Bau in Bayern. Um 1104 veranlasste Graf Otto III. von Scheyern die Verlegung dieses Klosters auf den Petersberg bei Eisenhofen-Dachau. Die dortige Kirche zeigt in herausragender Weise die Hirsauer Baukunst. Im Jahre 1119 wandelte Otto V., der sich bereits Graf von Wittelsbach nannte, schließlich seine verlassene Stammburg Scheyern in ein Kloster um, das bis 1253 als Begräbnisstätte seines Hauses dienen sollte und in das die Benediktiner vom Petersberg zogen.

Aus der Stammburg der Wittelsbacher wird ein Kloster

Auch in Scheyern haben die Mönche die Kirche und die gesamte Klosteranlage nach dem Hirsauer Schema gebaut, dessen Grundmaß ein „Einheitsquadrat" von in Scheyern 9,6 Metern darstellt, das noch gut nachweisbar ist. Bei der Anlage des Klosters wurde ein Teil der Burg niedergelegt und die eigentliche Klosteranlage so nach Osten ausgerichtet, dass die Kapitelkirche mit der Wittelsbacher Grablege in die Nähe der bisherigen Begräbnisstätte und der Burgkapelle kam. An die der Überlieferung nach

im Jahre 996 stattgefundene Verlobung zwischen König Stephan von Ungarn und der bayerischen Prinzessin Gisela, der Schwester von Kaiser Heinrich II., in der damaligen Burgkapelle erinnert noch der Name der angrenzenden Königskapelle.

Romanische Basilika mit einem wuchtigen Turm

Kurz nach der Gründung des Klosters wurde im Jahre 1144 eine eigene Pfarrkirche zu Ehren des hl. Martin auf dem Gebiet des heutigen Pfarrfriedhofes gebaut, die im Jahre 1806 aber abgebrochen wurde. Kurz danach, 1171 und 1183, wurde das Kloster dann ein Raub der Flammen, was den damals amtierenden Abt Baldemar (1171-1203), in dessen Regierungszeit durch Graf Konrad III. von Dachau auch die Kreuzreliquie in das Kloster kam, veranlasste, nach alten Plänen zunächst die mit dem Kapitelsaal verbundene Johanneskirche wieder herzustellen.

Die am 9. Oktober 1215 geweihte Klosterkirche war eine dreischiffige romanische Basilika ohne Querschiff und Krypta, aber mit einer Vorhalle, an deren Südseite die sogenannte Allerheiligenkapelle errichtet wurde. Abt Heinrich (1226-1259) fügte dann noch eine Katharinenkapelle und den wuchtigen Turm hinzu. In dieser Zeit befand sich in Scheyern eine hervorragende Schreibschule. Die hier u. a. vom Mönch Konrad geschriebenen und illustrierten Bücher (um 1220) wurden stilbildend im süddeutschen Raum. Heute befinden sich diese herrlichen Codices, die so typisch für die Hirsauer Kunst sind, in der Bayerischen Staatsbibliothek in München.

Die imposante Klosteranlage von Scheyern.

Die Grundzüge der romanischen Anlage sind bis heute erhalten, auch wenn im Laufe der Jahrhunderte das Kloster und dessen Basilika immer wieder den jeweiligen gestalterischen Moden unterworfen und entsprechend ergänzt oder abgeändert wurden. Das begann schon in der Gotik, als der Kirchturm um ein Stockwerk erhöht, ein neuer Hochaltar angeschafft und an der Südostseite der Kirche nach Entfernung der rechten Apsis eine geräumige Sakristei in zwei Geschoßen errichtet wurde. In der Mitte des 16. Jahrhunderts folgte dann auch die vollständige Einwölbung des Kreuzgangs, ehe die

Sehenswert: die Sakristei, in der prächtige Messgewänder aufbewahrt werden.

Kirche um etwa sieben Meter verlängert und mit einem Tonnengewölbe ausgestattet wurde. Verantwortlich dafür zeichnete Abt Georg II. Neubeck (1558-1574), der auch die Elisabethenkapelle errichten ließ, die heute in unveränderter Form als einer der spätesten gotischen Bauten in Bayern noch erhalten ist. Unter Abt Benedikt I. Prummer (1574-1610) begann die Neuerrichtung des Konventbaus mit Bibliothek, der von Abt Stephan Reitberger (1610-1634) vollendet wurde und im wesentlichen in dieser Gestalt heute noch erhalten ist. Reitberger unterzog 1623, die Gotik war mittlerweile vorüber, die Kapitelkirche einer gründlichen Erneuerung im Renaissancestil und fügte zwei Seitenkapellen an. Später folgten noch zwei gravierende stilistische Veränderungen: erst wurde die Kirche im Stile des Rokoko umgebaut und im 19. Jahrhundert schließlich reromanisiert.

Das Kloster, ein Ort für Wissenschaft und Bildung

Das Kloster Scheyern, das 1803 im Zuge der Säkularisation aufgehoben und 1838 wieder errichtet wurde, erlangte schon im 13. Jahrhundert durch seine Malschule und das Skriptorium, ab dem Spätmittelalter auch durch Wissenschaft und Seelsorge große Bedeutung. Die Mönche übernahmen auch Lehre und Erziehung, im 19. Jahrhundert mit einem erzbischöflichen Knabenseminar, nach dem 2. Weltkrieg mit einem Humanistischen Gymnasium und heute mit einem Wohnheim für die 1976 eröffnete Staatliche Berufsoberschule, an der Mönche den Religionsunterricht bestreiten. Neben zahlreichen seelsorglichen Aufgaben betreibt die Abtei weiterhin ein Byzantinisches Institut, wo eine Neuausgabe der Schriften des hl. Johannes von Damaskus erarbeitet wird. Auch zahlreiche handwerkliche Betriebe wie Buchbinderei und Wäscherei, Gärtnerei, Brauerei, Klosterschänke und Klostermetzgerei, Imkerei und Schreinerei sowie Elektro- und Malerwerkstatt gehören zum Kloster. Während der Klosterforst und auch die Fischteiche vom Kloster immer selbst bewirtschaftet werden, beherbergte der stattliche Gutshof „Prielhof" mit den umliegenden Feldern bis 2015 den Forschungsverbund Agrarökosystem München der Technischen Universität München und der GSF-Forschungsgesellschaft für Umwelt und Gesundheit in Neuherberg. Heute wird die Landwirtschaft wieder durch das Kloster selber geführt. Die Flächen um den „Prielhof" wurden zum 1. Januar 2016 komplett auf eine ökologische Bewirtschaftungsweise umgestellt. Nun gilt auch wie in anderen Betriebszweigen: „Aus der Region – für die Region!"

Scheyern als Wallfahrtsort – ein Ziel für Tausende von Pilgern

Viel bekannter als dafür ist Scheyern aber als Wallfahrtsort: Jedes Jahr pilgern Tausende von Gläubigen ins Kloster, um dort das hl. Kreuz zu verehren, das Partikel von jenem Kreuz enthalten soll, an das Jesus einst geschlagen wurde. In der Basilika bildet das Kreuz den strahlenden Mittelpunkt in der Heilig Kreuz-Kapelle.

Moderne Darstellung eines mittelalterlichen Ereignisses: die Verlobung von König Stephan von Ungarn mit Prinzessin Gisela.

Führungen

An jedem Sonn- und Feiertag um 15 Uhr führt Frater Matthäus Beczkowiak Besucher ohne Voranmeldung durch Basilika, Kreuzgang, Sakristei, Königskapelle und Kapitelkirche. Treffpunkt ist am Kircheneingang, im Anschluss kann man um 16.30 Uhr an der Sonntagsvesper in der Basilika teilnehmen.
Gruppen ab 10 Personen können eine 45-minütige Führung auch individuell unter Tel. 0 84 41 / 75 22 30 vereinbaren. Die Teilnahmegebühr beträgt hier 2 Euro pro Person. Führungen durch die Klosterbrauerei werden nur nach vorheriger Terminvereinbarung unter Tel. 0 84 41 / 75 22 30 durchgeführt.

Kirche

Die Scheyerner Klosterkirche ist ein Unikat. Als romanische Kirche geweiht, wurde sie in den folgenden Jahrhunderten immer wieder verändert und dem Geschmack der jeweiligen Zeit angepasst. Herausragende Kunstschätze findet man hier deshalb nicht, dafür wird man von einem einzigartigen Mix der Baustile belohnt. Prägend bis heute ist die Umgestaltung von Abt Joachim Herpfer 1768 - 1770 im Stil des späten Rokoko.

Im Jahr 1876 besann man sich wieder auf die romanischen Ursprünge: Die Seitenschiffe wurden westlich auf gleiche Länge mit dem Mittelschiff gebracht und die Empore wurde verkürzt. Die Pfeileraltäre wurden entfernt, Teile des Stuckes abgeschlagen wie auch die Rokokofresken durch themengleiche Nazarenerbilder ersetzt. Bereits kurz zuvor hatte König Ludwig I. den seit einem Blitzschlag aus dem Jahre 1656 von einer gewaltigen Laterne gekrönten Kirchturm mit jenem neuromanischen Spitzhelm ausstatten lassen, der noch heute zu sehen ist. Seither wurde die Kirche zwar außen und innen restauriert, es fanden aber keine einschneidenden Veränderungen an der Bausubstanz mehr statt.

Erst Romanik, dann Gotik und schließlich Rokoko:
Die Klosterkirche von Scheyern hat von allen Stilrichtungen etwas zu bieten.

Im Jahr 2008 erhielt die Basilika ein mächtiges 14-stimmiges Geläute. Seither verkündet vom Turm die schwerste Glocke Süddeutschlands mit über 10 Tonnen Gewicht Gottes Lob, ein Muss für jeden Glockenliebhaber.

Schwere Glocke und Holzpartikel aus Jerusalem

Der unbestrittene Höhepunkt in der Basilika ist natürlich das hl. Kreuz von Scheyern, das in der Heilig Kreuz-Kapelle gezeigt wird. Dabei handelt es sich um ein byzantinisches Kreuz mit doppeltem Querbalken, das einen Kreuzpartikel beinhaltet, dessen Ursprünge, urkundlich nachgewiesen, in Jerusalem liegen und der von jenem Kreuz stammen soll, an das Jesus geschlagen wurde. Seit 1180 birgt Scheyern eine ansehnliche Reliquie des hl. Kreuzes, nachden der Patriarch Fulcherius von Jerusalem einen Kanoniker namens Konrad mit einem Kreuzpartikel nach Europa gesandt hatte, um Almosen zur Erhaltung der heiligen Stätten zu sammeln. Die Dachauer Grafen brachten die Reliquie 1156 in ihren Besitz und hielten sie zunächst verborgen.

Das hl. Kreuz als Ziel unzähliger Pilger

Mit dem Leichnam des letzten aus dem Geschlecht der Dachauer Grafen, Konrad III., kam das hl. Kreuz schließlich nach Scheyern, wo es seither als kostbarer Schatz verehrt wird und das Ziel unzähliger Pilger ist.
Zu den zwei großen Kreuzfesten finden jedes Jahr zwei besondere Wallfahrtsgottesdienste im Kloster Scheyern statt: zur Kreuzauffindung am ersten Sonntag im Mai und zur Kreuzerhöhung am 14. September oder an dem Sonntag, der diesem Tag am nächsten liegt. Darüber hinaus wird an Werktagen nach der Frühmesse und am Sonntag nach dem Gottesdienst um 8.30 Uhr sowie nach der Vesper um 16.30 Uhr in der Heilig Kreuz-Kapelle der Segen mit dem hl. Kreuz und durch Kreuzauflegung erteilt.

Über Umwege nach Scheyern gelangt: Im hl. Kreuz sind Partikel enthalten, die nachweislich aus Jerusalem stammen. Sie sollen sogar von jenem Kreuz sein, an das Jesus geschlagen wurde.

Brauerei

Als die Grafen von Scheyern ihre Stammburg in ein Kloster umwandelten und sich ab 1119 die ersten Benediktinermönche dort ansiedelten, könnte wohl eine kleine Brauerei in der Burganlage schon vorhanden gewesen sein. Nachweislich Bier wurde hier mit Gründung des Klosters gebraut, wie die ältesten Abgabeverzeichnisse belegen, in denen Hopfen aufgeführt ist, den man zum Bierbrauen benötigte. Allerdings wäre es vermessen davon zu sprechen, dass es damals schon eine nach heutigem Verständnis richtige Brauerei in Scheyern gegeben hätte, denn gebraut wurde neben der Küche und ausschließlich für den Eigenbedarf der Mönche und ihrer Bediensteten. Daran änderte sich in Scheyern lange nichts, denn die Menschen in Bayern sprachen in jener Zeit vor allem dem Wein zu.

Seit 1929 vor den Toren des Klosters angesiedelt: das Brauhaus von Scheyern.

Der Bierdurst erwachte erst langsam, weshalb es in Scheyern auch bis in die zweite Hälfte des 15. Jahrhunderts dauerte, ehe die alte Brauerei zu klein wurde und ein neues Brauhaus errichtet werden musste. Interessant in diesem Zusammenhang ist, dass man sich bereits in dieser frühen Zeit Gedanken über die Bierqualität machte. So versucht die Dienstbotenordnung von Abt Paulus Preu schon vor 1500 die gute Qualität des Klosterbieres festzuschreiben. Vom Braumeister werden darin „Aufrichtigkeit und Gemundlichkeit" in der Bierherstellung verlangt. Dies sollte sich auszahlen, denn die Nachfrage nach dem Scheyrer Bier nahm weiter so stark zu, dass bereits um 1520 die Brauerei vergrößert werden musste.

Eine Tafernwirtschaft für die steigende Zahl der Pilger

Die wachsende Zahl der Wallfahrer und Besucher des Klosters führte dazu, dass gegen Ende des 16. Jahrhunderts neben dem Ausschank in der Brauerei eine eigene Tafernwirtschaft errichtet wurde, die so ganz nebenbei auch den Zweck erfüllte, dass die fröhlichen Zecher in gebotenem Abstand vom Kloster gehalten wurden. Dass der Gerstensaft der Benediktiner sich so großer Beliebtheit erfreute, gefiel aber nicht allen in der Gegend. So ist aus dem 18. Jahrhundert ein umfassender Schriftwechsel erhalten, der dokumentiert, dass vor allem die Brauer aus dem nahen Pfaffenhofen gegen den angeblich zu billigen Bierverkauf des Klosters klagten – allerdings ohne Erfolg. In diesen Tagen erwirtschaftete denn auch die Brauerei für das Kloster den größten Ertrag aller Eigenbetriebe.

Fortbestand über die Säkularisation hinaus: Es wird weiter gebraut

Als 1803 in Folge der Säkularisation alle Klöster in Bayern aufgehoben wurden, ging der Betrieb der Klosterbrauerei aber ohne Einschränkung weiter. Drei Jahre später wurde die Brauerei mitsamt der kompletten Klosteranlage von der Brauerfamilie Stängl erworben, was aber nicht der einzige Besitzerwechsel war, ehe König Ludwig I. im Jahr 1838 das Klosterleben in Scheyern wieder ermöglichte. Die Brauerei befand sich in jenen Tagen nach wie vor in den im 16. Jahrhundert geschaffenen Räumlichkeiten innerhalb des Klosterhofs – ein Zustand, der auch mit fortschreitender Technologisierung immer untragbarer wurde. Im Jahr 1929 entschlossen sich die Benediktiner deshalb nach langer Beratung dazu, ein neues Brauhaus vor den Toren des Klosters zu errichten – dort wird noch heute das Scheyrer Bier gebraut.
Nach dem 2. Weltkrieg stürzte die Brauerei dann in die schwerste Krise seit ihrem Bestehen: Menschliche Differenzen unter den klösterlichen Braumeistern und der starke Druck

Qualitätskontrolle: Cellerar Pater Lukas Wirth und Braumeister Tobias Huber haben das große Glück, über einen eigenen Hopfengarten zu verfügen.

durch die umliegenden Großbrauereien führten dazu, dass man sich 1951 zur letztlich 50 Jahre währenden Zusammenarbeit mit der Hasen- Brauerei aus Augsburg entschied. Bereits in den 1960er Jahren zeichnete sich aber der Niedergang der Scheyrer Brautradition ab, weil Hasen-Bräu als Pächter nicht in der Lage war, die dringend erforderlichen Investitionen in eine neue Brautechnik zu tätigen. Die Folge war eine sukzessive Verlagerung der Brautätigkeit nach Augsburg, bis 1991 in Scheyern überhaupt nicht mehr gebraut wurde.

Neustart am Festtag des hl. Benedikt

Als sich das nahende Ende des bis zum Jahr 2001 laufenden Pachtvertrags mit der Hasen-Brauerei, die damals selbst schon zu Tucher-Bräu in Nürnberg gehörte, abzeichnete, wurden im Kloster jene Stimmen immer lauter, die forderten, dass man die Brauerei wieder selbst betreiben müsse. Diese Stimmen in den Reihen der Scheyrer Mönche haben sich letztlich durchgesetzt: Erst wurde die Brauerei saniert und dann mit modernster Technik ausgestattet, ehe am 21. März 2006, dem Festtag des hl. Benedikt, die erste Bierwürze in den neuen Gärkeller gepumpt werden konnte. Am 1. Mai 2006 folgte dann die Wiedereröffnung der Klosterbrauerei Scheyern, deren Biere sich seither weit über den Ort hinaus einen hervorragenden Ruf erworben haben. Der hl. Benedikt wird den 1. Mai 2006 wohl als besonderen Festtag notiert haben, weil seit diesem Tag das „labora" seiner Ordensregel in Scheyern mit neuem, die Menschen erfreuendem Leben erfüllt wird. Aufgrund der großen Nachfrage wird auch Klosterbier unter Vorgabe der Rezeptur und strenger Kontrolle bei der Tucher Bräu in Nürnberg eingebraut und von dieser überregional vertrieben.

Klosterladen

Seit Jahrhunderten werden im Klosterladen die berühmten „Scheyrer-Kreuzerl" als Wallfahrtsandenken verkauft. Dabei handelt es sich um kleine Nachbildungen des hl. Kreuzes, das in Scheyern seit über 800 Jahren aufbewahrt und verehrt wird. Sie sind an diesem berührt und geweiht. Ihnen wird seit alters her eine besondere Bedeutung zugeschrieben. Darüber hinaus gibt es im Klosterladen individuell verzierte Kerzen, Rosenkränze, verschiedene Medaillen, Gegenstände religiöser Kunst sowie eine große Auswahl hochwertiger Kinderbücher.

Öffnungszeiten

Montag 14 – 17 Uhr, Dienstag bis Samstag 9 bis 12 Uhr und 14 bis 17.30 Uhr, Sonntag 13 bis 17 Uhr

Klosterschenke

Tafeln unter alten Klostergewölben oder im schattigen Biergarten: die Klosterschenke bietet einen wunderbaren Rahmen für unbeschwerte Stunden. Zur Pflege der Gastfreundschaft richtete die Benediktinerabtei Scheyern bereits im Jahre 1568 eine Tavernwirtschaft ein, aus der im Jahre 1841 die heutige Klosterschenke hervorging. Dieser über 400-jährigen gastronomischen Tradition fühlen sich die Benediktiner weiterhin verpflichtet.

Auf der Speisekarte werden die bayerischen Brotzeiten und Küchenklassiker wie Braten und Haxen durch knackige Salate, aber auch Steaks und Burger ergänzt. Für Feiern stehen entsprechende Räumlichkeiten für 20 bis 70 Personen zur Verfügung; im historischen Festsaal finden sogar 200 Personen Platz. Für Veranstaltungen und Konzerte steht auch der Wittelsbacher-Saal für bis zu 450 Personen zur Verfügung. Geöffnet hat die Klosterschenke täglich von 10 bis 23 Uhr.

Der über 400-jährigen gastronomischen Tradition fühlen sich die Benediktiner weiterhin verpflichtet.

Übernachtung

Das Gästehaus des Klosters verfügt über 30 Zimmer mit Dusche und WC sowie über weitere 18 Zimmer mit Waschgelegenheit sowie Dusche und WC auf der Etage (DZ ab 40 Euro)

Kloster Scheyern
Schyrenplatz 1
85298 Scheyern
Tel. 0 84 41/ 75 22 41
bildungshaus@kloster-scheyern.de
www.kloster-scheyern.de

Unmittelbar an das Kloster angrenzend befindet sich das Hotel Schyrenhof, das 12 modern eingerichtete Zimmer mit Dusche, WC, Flachbild-TV und WLAN anbietet (DZ ab 75 Euro)

Hotel Schyrenhof
Schyrenplatz 1
85298 Scheyern
Tel. 0 84 41/ 278 90
info@klosterschenke-scheyern.de
www.klosterschenke-scheyern.de

Sehenswürdigkeiten

Scheyern ist die einzige Klosterbrauerei der Welt, die ihren eigenen Hopfengarten hat. Kein Wunder, denn die Ausläufer der Holledau, des weltweit größten Hopfenanbaugebiets, reichen bis an die Klostermauern. Deshalb ist ein Besuch des Deutschen Hopfenmuseums im gerade mal 20 Kilometer entfernten Wolnzach ein Muss. Dort erwartet den Besucher unter anderem die größte Spezialsammlung zur Geschichte des Hopfenanbaus, und wer mag, kann dort unter Leitung eines Biersommeliers auch diverse Seminare belegen, um tiefer in die Welt der Biere einzutauchen.

Reichen bis an die Klostermauern heran: die Hopfenfelder der Holledau.

Erst zu Audi, dann zum Spargel

Nicht weit ist es von Scheyern auch nach Ingolstadt mit seiner sehenswerten Altstadt, vor allem aber mit dem Museum Mobile von Audi. Zum Shoppen lohnt ferner ein Abstecher in das Ingolstadt Village, ein riesiges Outlet, wo sich Markenprodukte zu Schnäppchenpreisen erstehen lassen. Und für Feinschmecker natürlich ebenfalls ein Muss: ein Abstecher nach Schrobenhausen, wo der beste Spargel der Welt wächst und sich das Europäische Spargelmuseum, einzigartig in Europa, ausschließlich mit dieser nahrhaften Feldfrucht beschäftigt.

Veranstaltungen

Für kirchliche wie auch nichtkirchliche Gruppe stellt das Kloster in seinem Tagungshaus die geeigneten Räumlichkeiten für individuelle Veranstaltungen zur Verfügung; die Buchung erfolgt nach Absprache unter Tel. 0 84 41 / 75 22 41 oder E-Mail bildungshaus@kloster-scheyern.de.
Daneben gibt es ein umfangreiches Angebot an Kursen zu den Themenbereichen Spiritualität, Musik und Kunst sowie Natur und Brauchtum. Auch besteht für interessierte Männer die Möglichkeit, sich für ein paar Tage der Klostergemeinschaft der Benediktiner anzuschließen. Weitere Informationen unter www. kloster-scheyern.de/de/tagungen-gaeste-kurse.
Darüber hinaus finden im Juni und Juli die Sommerkonzerte mit einem abwechslungsreichen Programm für alle Generationen statt. Und auch der große Künstlermarkt „Kunst im Gut" Anfang Oktober oder der Christkindlmarkt am ersten Adventswochenende sind Besuchermagnete. Weitere Informationen über alle kulturellen Veranstaltungen unter www.kloster-scheyern.de.

Ora et labora et lege: Die Aufforderung des hl. Benedikt zum Gebet, zur Arbeit und zum Lesen ist den derzeit zwölf Mönchen im Kloster Scheyern eine Verpflichtung. Und so wird dort unter Leitung von Abt Markus Eller nicht nur die Spiritualität gepflegt, sondern Gott auch in der Arbeit in den diversen Klosterbetrieben sowie im Kontakt mit den jungen Menschen der im Kloster untergebrachten Berufsoberschule in den Mittelpunkt gerückt. Die bayerischen Benediktiner sind seit jeher den Menschen zugewandt. Sie ziehen sich nicht hinter die Klostermauern zurück, sondern gehen zu den Menschen und freuen sich, wenn Menschen zu ihnen kommen. Seelsorge und Bildungsarbeit gehören seit Jahrhunderten zu den Tätigkeitsschwerpunkten. So ist auch zu verstehen, weshalb man in Scheyern schon 1568 eine Tavernwirtschaft errichtete, um dort das eigene Bier auszuschenken.

Wenn auch die leiblichen Genüsse über all die Jahrhunderte ein prägendes Element im Kloster Scheyern war, so stand letztlich doch der Dienst an Gott und den Menschen stets im Vordergrund. Ein ergreifendes Beispiel dafür lieferte der Scheyrer Pater Joseph Peruschitz, der auserkoren war, in den USA ein Benediktiner-Gymnasium zu gründen. Für die Überfahrt hatte er ein Ticket auf der Titanic. Als das Schiff in der Nacht vom 14. auf den 15. April 1912 zu sinken begann, lehnte Peruschitz den ihm zugeteilten Platz auf einem Rettungsboot ab: er blieb bei den dem Tod geweihten Menschen an Bord und betete mit ihnen, um ihnen die Todesangst zu nehmen und sie wissen zu lassen, dass Gott sie nicht verlassen werde.

Unter der Leitung von Abt Markus Eller wird nicht nur die Spiritualität gepflegt, sondern Gott auch in der Arbeit in den Klosterbetrieben in den Mittelpunkt gerückt.

Scheyerner Bierspezialitäten

Klosterbier Hell

Wer nach Scheyern kommt, trinkt als erstes dieses Bier – und er wird es nicht bereuen. Aus hellem Gerstenmalz gebraut, besticht es durch seine goldgelbe Farbe und die wunderbar stabile Schaumkrone. Im Duft leicht hopfig mit fruchtigen Anklängen, im Geschmack würzig und sehr süffig. In der Klosterschenke ist dieses Helle auch naturtrüb, also unfiltriert, erhältlich.
Stammwürze 12,5 %, Alkohol, 5,4 % vol.

Hopfazupfabier

Keine bayerische Klosterbrauerei liegt näher an der Holledau, dem größten Hopfenanbaugebiet der Welt, als Scheyern. Und das merkt man diesem Bier an: aus heimischer Braugerste und Hopfen aus den benachbarten Gärten gebraut. Frischer geht es nicht. In der Nase viel Frucht und eine prägende Hopfennote, am Gaumen sehr spritzig. Schmeckt wie frisch aus dem Fass.
Stammwürze 13,2 %, Alkohol 5,6 % vol.

Benedictus

Da behaupte noch einer, Pils könne man nur außerhalb Bayerns: Das kleine, in der 0,33-l-Flasche angebotene Premiumbier, hat alles, was dieser Biertyp erfordert, allen voran eine spritzige, feinherbe Hopfennote. In der Nase eher zurückhaltend, am Gaumen aber sehr frisch und belebend mit nicht zu dominierender Bittere. Wird zudem unter Einsatz regenerativer Energie gebraut.
Stammwürze 11,5 %, Alkohol 4,8 % vol.

Schyrengold

Dieses naturtrübe, leicht bernsteinfarbene Landbier aus heimischer Gerste trägt den alten Namen von Scheyern. Und das aus gutem Grund, lebt hier doch die alte Brautradition fort: Die natürliche Brauhefe ist noch enthalten und setzt sich am Flaschenboden ab. Tipp: die Hefe mit ins Glas schütten. Duftet nach Malzaromen mit leichter Hopfennote. Kräftiger, hopfiger Körper mit langem, harmonischem Abgang.
Stammwürze 11,1 %, Alkohol 4,8 % vol.

Kloster Doppelbock

Das Schwergewicht aus Scheyern: ein Doppelbock, wie man ihn selten findet. Allein die dunkelbraune Farbe mit der dichten Schaumkrone ist ein optischer Genuss. Und so geht es weiter: würzige, leicht süßliche Nuancen und Röstaromen in der Nase. Am Gaumen dann Karamell, Lakritz, Rosinen und Trockenpflaume im Antrunk, danach auch Nussaromen und Schokolade zum leicht malzig-bitteren Abgang.
Stammwürze 18,2 %, Alkohol 7,1 % vol.

Cellerar P. Lukas Wirth OSB
und Braumeister Tobias Huber

KLOSTER
SCHEYERN

Ursberg

Kloster Ursberg und Pfarrkirche
Klosterbräuhaus

Kloster Ursberg

Mit dem Gründungsjahr 1125 gilt das Stift Ursberg als älteste Niederlassung der Prämonstratenser in Süddeutschland. Ursberg, der „Berg der Auerochsen", gehörte ab dem 10. Jahrhundert den Herren von Schwabegg. Dort befand sich auf der Michelsberg genannten Anhöhe eine Burg, an deren Fuß Werner von Schwabegg bereits 1119 ein Kloster errichtete. Nach einer Überlieferung im Prämonstratenserorden lebten um 1125 in Ursberg schon regulierte Chorherren, die anlässlich eines Aufenthalts des hl. Norbert seiner Gemeinschaft beitraten. Jedenfalls erscheinen die Konventualen in einer Augsburger Bischofsurkunde von 1130 bereits als „Brüder nach der Regel des hl. Augustinus und der Einrichtung des Bischofs Norbert". Wie bei den frühen Prämonstratensern üblich war Ursberg ein Doppelkloster, sein Frauenkonvent existierte noch um 1320. Aus der romanischen Kirchenausstattung des frühen 13. Jahrhunderts stammt die heute noch in Ursberg erhaltene Kreuzigungsgruppe. Spätestens 1365 wurde Ursberg zur Abtei erhoben, 1418 erhielten die Ursberger Äbte dann die Pontifikalien. Insgesamt gilt das 15. Jahrhundert in der Geschichte des Klosters jedoch als Zeit ständiger Konflikte zwischen den Äbten und dem Konvent.

Eine Bäuerin und die Schweden brennen das Kloster nieder

Im großen Bauernkrieg von 1525 wurde Ursberg komplett ausgeplündert und verwüstet. Die Konventgebäude fielen der Brandstiftung einer Bäuerin zum Opfer. Bald darauf erfolgte ein blutiges Strafgericht an den Klosteruntertanen durch die Truppen des Schwäbischen Bundes, dem die Abtei seit 1488 angehörte. Erneut wurde das Stift im Frühjahr 1632 während des Vorstoßes der schwedischen Truppen nach Schwaben ein Raub der Flammen. Erst 1644 bezog der verstreut lebende Konvent auf dem Michelsberg wieder eine gemeinsame Notunterkunft. Der Wiederaufbau des eigentlichen Klosters dauerte bis 1674. Im Gegensatz zu vielen anderen

Konventen in Schwaben und in Altbayern wurde Ursberg aber kein eigentliches Barockkloster. Erst 1776 entschloss man sich zu einer grundlegenden Renovierung der Abtei im Stil des späten Rokoko.
Zu Beginn des 19. Jahrhunderts galt Ursberg, ungeachtet seines reichsunmittelbaren Standes, als eines der ärmsten Prälatenklöster in Schwaben. Seine Herrschaft umfasste damals knapp 3 300 Untertanen. Neben dem winzigen Klosterdorf Ursberg (73 Einwohner) gehörten zur Reichsabtei die Pfarrdörfer Mindelzell, Billenhausen, Haslach, Bayersried, Oberrohr, Edenhausen und Attenhausen, ferner drei Weiler und etlicher Streubesitz.
Die Abtei hatte noch im späten 18. Jahrhundert in ihre Eigenbetriebe investiert, insbesondere in eine neue Brauerei und die Schafzucht. Zur Klosterökonomie gehörten auch eine Ziegelei, zwei Mühlen, Schmiede, Wagnerei, Schäfflerei, Bäckerei und acht Fischweiher. Bei seiner Aufhebung 1802 zählte das Kloster noch 25 Prämonstratenser, es beschäftigte 81 Personen und verwendete allein 42 Prozent seines Jahreseinkommens für die Lohnzahlungen. Dennoch verfügte das Stift bis zu seiner Auflösung über beachtliche Aktiva und konnte zudem zahlreichen Untertanen günstige Kredite gewähren.

Ein Offizier und 14 Soldaten ergreifen provisorisch Besitz

Von Verfallserscheinungen kann für Ursberg am Vorabend der Säkularisation keine Rede sein: 1793 wurde ein neues Gebäude für die weithin renommierte Lateinschule in Betrieb genommen und 1796 die Bibliothek

Wertschätzung für das Buch und die Wissenschaft: Deckenfresko in der Bibliothek des Klosters.

renoviert. Doch bereits 1798 berichteten Zeitungen aus Augsburg über Pläne zur Aufhebung der Reichsklöster in Schwaben. Am 31. August 1802 erhielten die Prälaten der Reichsklöster Ursberg, Roggenburg und Wettenhausen schließlich je ein Schreiben des bayerischen Kurfürsten, das die Inbesitznahme ankündigte. Tatsächlich erschien bereits am 3. September 1802 in Ursberg ein bayerischer Offizier mit 14 Soldaten zur „provisorisch-militärischen Besitznahme" des Reichsstifts. Die „Zivilinbesitznahme" durch das Kurfürstentum Bayern erfolgte am 14. Dezember 1802. Am 3. Februar 1803 begann der bayerische Aufhebungskommissar mit der Versteigerung des beweglichen Inventars und des Viehbestands der Klosterökonomie. Es folgte die Verpachtung der Klostergründe. Im Frühjahr 1804 entstanden aus der Klosterherrschaft Ursberg ein kurbayerisches Landgericht, ein Rentamt und ein Forstrevier; ein Teil des Konvents wohnte zu diesem Zeitpunkt noch im Kloster. Die Stiftskirche blieb zumindest als Pfarrkirche erhalten.

Herausragend: der Ursberger Kirchturm.

Dominikus Ringeisen wird zur prägenden Figur

Zum geistlichen Neubegründer von Ursberg wurde der schwäbische Priester Dominikus Ringeisen (1835-1904). Er kaufte 1884 den zu diesem Zeitpunkt leer stehenden Gebäudekomplex vom bayerischen Staat und begann sofort mit der Errichtung seiner „Kretinen-, Blinden-, Taubstummen- und Epileten-Versorgungsanstalt". Die ersten Pflegerinnen waren zwei Franziskanerinnen aus dem Kloster Kaufbeuren und zwei Bauernmägde. 1888 zählte man in Ursberg bereits 140 Patienten.
Ein Jahr zuvor hatte Ringeisen, mittlerweile auch Pfarrer in Ursberg, bereits die Kongregation St. Josef, eine Gemeinschaft von Schwestern nach der Regel des hl. Franziskus, gegründet. Als Pfarrer Ringeisen im Jahr 1904 in Ursberg starb, galt sein Werk mit Filialen in ganz Bayern als die größte karitative Anstalt der katholischen Kirche in Deutschland. Die Nazi-Herrschaft bescherte Ursberg dann sein dunkelstes Kapitel: Ab 1934 wurden dort 227 Patienten, überwiegend

Männer, zwangsweise sterilisiert. Zwei Jahre später wurde Ursberg dann eine sogenannte „Geschlossene Anstalt", um weitere Eingriffe des NS-Regimes zu vermeiden. Im Herbst 1940 begann dennoch die Euthanasie: Bis zum August 1941 wurden aus Ursberg und seinen Filialen 199 Menschen nach Hartheim bei Linz gebracht, wo man sie mit Giftgas ermordete. Weitere 180 Patienten starben an Hunger und bewusster Vernachlässigung.

Lazarett, Aufnahmelager und ab 1996 ein kompletter Neustart

Im Laufe des Zweiten Weltkriegs wurden Ursberg hunderte von Patienten aus anderen Anstalten zugeteilt. Dazu kamen ein Lazarett der Wehrmacht, das aus München verlegte Blindeninstitut sowie Quartiere für ausgebombte Ordensschwestern, Evakuierte und Flüchtlinge. In der Nachkriegszeit war Ursberg dann ein Aufnahmelager für zahlreiche Heimatvertriebene aus der Bukowina. In den 1970er Jahren wurde die weitläufige Anlage schließlich einer aufwändigen Sanierung unterzogen. Seit 1996 ist das Dominikus-Ringeisen-Werk eine kirchliche Stiftung öffentlichen Rechts, in der die St. Josefskongregation maßgeblich vertreten ist, in der Klosteranlage mit vielen Einrichtungen vertreten. So befinden sich in Ursberg nach wie vor eine Heil- und Pflegestätte mit zahlreichen Werkstätten und Gärtnerei, eine Förderschule, eine Fachschule für Heilerziehungspflege, ein Gymnasium, ein Klostergasthaus mit eigener Brauerei und ein Klostermuseum.

Ein Leben im Dienste benachteiligter Menschen: Dominikus Ringeisen mit den Schwestern der von ihm gegründeten St. Josefskongregation.

Kirche

Die im Kern romanische, um 1230 geweihte ehemalige Klosterkirche, die den Vorgängerbau aus der Zeit der Klostergründung ersetzte, befindet sich an der Nordseite des Klostergevierts. Ab 1414 wurde dann der Turm vollendet, von dem in romanischer Zeit nur der Sockel errichtet worden war. Nach schweren Beschädigungen während der Schwedenkriege wurde die Kirche saniert, wobei dem Turm das achteckige Oberteil und schließlich, im Jahr 1654, auch die Zwiebel aufgesetzt wurde.
In den folgenden Jahren war die Kirche zunächst wenig üppig ausgestattet und bestand lediglich aus dem 1686 aufgerichteten Kreuzaltar im Mittelschiff und zwei Altären in den Seitenschiffen. Im Jahr 1733 folgte dann der Hochaltar, ehe unter dem Wettenhausener Stiftsbaumeister Joseph Dossenberg d. J. 1775-78 die Barockisierung durch Fresken und Dekorationsmalereien erfolgte. Mit Kanzel, Orgel, Gestühl, Seitenaltären und einem Kreuzaltar wurde auch die Ausstattung vervollständigt. Als abschließende Baumaßnahme wurde 1793/94 über der Vorhalle eine Bibliothek errichtet.

Kunsthistorisch wertvoll: die Kreuzigungsgruppe mit dem mächtigen Kruzifix.

Immer wieder umgebaut: Heute erstrahlt die Kirche wie 1775

Nach der Säkularisation von 1802/03 wurde die vormalige Kirche zur Pfarrkirche der neuen Pfarrei Ursberg. Und schon bald folgte die nächste, dem Zeitgeschmack angepasste Restaurierung: Ab 1856 wurden die Dekorationsmalereien übertüncht und die Pultdächer über den Seitenschiffen steiler angelegt. Genau hundert Jahre später wurde dann vieles wieder rückgängig gemacht: Man führte die Gestaltung der Raumschale auf den Zustand von 1775 zurück. Und weil 1998-2003 eine erneute Renovierung erfolgte, erstrahlt die Kirche heute in einem unvergleichlich frischen Glanz.
Wer in der Ursberger Kirche durch das Portal tritt, erlebt Überraschendes: Das schmale, schachtartige Mittelschiff lenkt den Blick sofort zum Hochaltar, erst langsam erschließt sich einem die ganze Dimension des aus mehr oder weniger abgeschlossenen Teilräumen bestehenden Baukörpers, der eine

Basilika mit drei Schiffen darstellt. In den großen Feldern an der Decke von Mittelschiff und Chorraum sind Szenen aus dem Leben des Gründers des Prämonstratenserordens, Norbert von Xanten, zu sehen: Im Westen empfängt Norbert das Ordensgewand von Maria und assistiert bei der Gründung des Klosters Ursberg, das Fresko im Chorraum zeigt die Bestätigung des Prämonstratenserordens durch Papst Honorius III. (1126).

Der Gekreuzigte, der über den Tod triumphiert

Kunsthistorisch am bedeutendsten aber ist die heute im Chorraum zu sehende, überlebensgroße gotische Kreuzigungsgruppe. Das um 1180 entstandene Kruzifix kam aus der Lombardei nach Ursberg, um 1230 wurde es durch die Figuren der Mutter Gottes und des Evangelisten Johannes ergänzt. Die drei Figuren strahlen durch die überwiegend streng parallel ausgerichteten Falten der Gewänder eine statuenhafte Ruhe aus, die durch die stillen Gesten der Trauer von Maria und Johannes noch unterstrichen wird. Christus wiederum ist noch in dem bis 1230 gebräuchlichen Viernageltypus dargestellt, was bedeutet, dass die Füße nicht, wie später üblich, durch einen Nagel ans Kreuz geschlagen sind. Der Gekreuzigte konnte aufgrund der dadurch möglichen aufrechteren Körperhaltung als König, der über den Tod triumphiert, charakterisiert werden. So steht nicht das Leiden Christi, sondern der Sieg über die Sünde im Zentrum.

Sehenswert in der Kirche sind ferner der Hochaltar mit Mariä Himmelfahrt als zentralem Bild, die kunstvoll geschnitzte Kanzel, die vielen Grabdenkmäler, von denen die älteste an den 1240 verstorbenen Propst Konrad von Lichtenau erinnert, sowie die Orgel aus dem späten 18. Jahrhundert, eine Schöpfung des bedeutenden schwäbischen Orgelbauers Johann Nepomuk Holzhey.

Barocke Pracht: das überraschend schmal wirkende Kirchenschiff.

Brauerei

Man glaubt es kaum, aber als Abt Alois Högg, umgeben von dem vollständig versammelten Konvent, am 23. Februar 1791 die ersten Hammerschläge auf den Grundstein des neuen Brauhauses niederprasseln ließ, waren genau 666 Jahre seit der Gründung des Klosters Ursberg vergangen. Heute noch verkündet ein eingemauerter Stein mit dem Wappen von Kloster und Abt über dem Eingang in die Brauerei an dieses historische Ereignis. Und noch heute wird in diesen Mauern das Ursberger Klosterbier gebraut.

Mit dem Bier haben sie in Ursberg bereits im Jahr 1623 begonnen, als die Prämonstratenser erstmals eine Braustätte errichteten, weil auch sie erkannten, dass das Volk im äußersten Westen von Bayern nach diesem köstlichen Getränk lechzte. Die Freude über die Hammerschläge von Abt Alois Högg währte aber nicht lange, denn nur zwölf Jahre nach der Grundsteinlegung für die neue Brauerei gelangte die Sudstätte als Folge der Säkularisation in das Eigentum des Kurfürsten von Bayern. Das Sagen hatte nun ein „königlicher" Ökonomieverwalter. Es folgten wechselhafte Jahre: 1845 erwarb der Braumeister Anton Miller aus Jettingen die Brauerei und mit ihr zugleich auch erstmals das Schankrecht. Danach folgten noch mehrere Inhaberwechsel, ehe Dominikus Ringeisen am 18. November 1893 den gesamten Besitz für 95000 Goldmark kaufte. Ringeisen war nicht nur ein karitativ beseelter, sondern auch ein wirtschaftlich denkender Mann: Weil die Menschen in der von ihm gegründeten Versorgungseinrichtung so viel Bier tranken, dass die dafür anfallenden Ausgaben beinahe nicht mehr gedeckt werden konnten, entschloss sich Ringeisen kurzerhand, die Brauerei zu kaufen.

Das Wappen des Klosters, eingemauert über dem Eingang.

Ein Franziskaner lehrt die Schwestern das Brauen

Ringeisen hatte dabei großes Glück: Johann Nepomuk Reck von Derndorf, ein Franziskaner und ein gelernter Brauer, hatte sich zur freiwilligen Mitarbeit im Ringeisen-Werk gemeldet. Er war der Mann, der die Brauerei weiterführen und auch die Schwestern der St. Josefskongregation in der Braukunst unterweisen sollte. Ringeisen hatte aber auch Weitblick: Durch die nun ebenfalls übernommene Gaststätte in Ursberg konnte man noch einem anderen, sehr weltlichen Bedürfnis der Versorgungseinrichtung begegnen: Die vielen Gäste und Angehörigen der hier betreuten Menschen mit Behinderung konnten an Ort und Stelle beherbergt und verköstigt werden.

1000 Kehlen brauchen alle Tage einen dicken Tropfen

„In der Gastwirtschaft mit den Angehörigen zu essen, erhöht die Freude eines Besuchs um ein Vielfaches", verkündet der Ursberger „Josefsbote" im September 1980 in einer Rückschau. Bereits 1898 hatte nämlicher „Josefsbote" zufrieden festgestellt: „Als große Wohltat weist sich das Bräuhaus aus. Freilich trinkt der Anstaltsbewohner nicht viel Bier, aber 1000 Kehlen brauchen halt doch alle Tage einen ziemlich dicken Tropfen."

Daran hat sich im Prinzip bis heute nicht viel geändert: Ursberg ist nach wie vor eine kleine, regionale Brauerei, die ihr Bier vor allem in ihrer oberschwäbischen Heimat verkauft. Dort allerdings genießt sie einen ausgezeichneten Ruf, was nicht zuletzt daran liegt, dass man sich bei der Gestaltung des Sortiments nicht verzettelt, sondern auf seine Stärken besinnt. Und das bedeutet: Pils, Märzen, Zwickel und Dunkles sowie der nur zur Starkbierzeit eingebraute Doppelbock „Aloisius".

Zwickeln im Lagerkeller: Brauereileiter Ernst Kerler ist die Vorfreude auf den ersten Schluck des noch reifenden Bieres deutlich anzumerken.

Klosterbräuhaus

Direkt gegenüber dem ehemaligen Prämonstratenserkloster befindet sich das Klosterbräuhaus, in dem auch das Hotel und natürlich die Brauerei untergebracht sind. Davor der Biergarten mit den mächtigen Bäumen, in dem sich auch ein großer Kinderspielplatz befindet. Ursberg, das wird auf den ersten Blick klar, ist ein besonderer Ort der Gastlichkeit und des Wohlbefindens.

Im Gasthaus kommt eine regionale Küche auf den Tisch, wobei natürlich Käsespätzle, Käseknödel und Maultaschen nicht fehlen dürfen. Regional sind aber nicht nur die Rezepte, sondern auch die Produkte für die Zubereitung der Gerichte. Und so stammen Fleisch, Kräuter, Salate und Gemüse ausschließlich aus dem näheren Umkreis, im Sommer sogar aus der Ursberger Klostergärtnerei, wo alte Sorten eigens für die Gäste des Klosterbräuhauses angebaut werden. Geöffnet hat das Klosterbräuhaus täglich, die Küche ist von 11 – 21.30 Uhr durchgehend besetzt.

Der Bräuhaussaal: Feiern und Tagen für bis zu 300 Personen.

Direkt gegenüber dem Kloster gelegen: das Bräuhaus mit Hotel und Gaststätte.

Klosterladen

Der Ursberger Laden unterscheidet sich grundlegend von Klosterläden im traditionellen Sinn – er wird nicht vom Kloster, sondern vom Dominikus-Ringeisen-Werk betrieben. Angeboten wird dort vielmehr das, was in den Werkstätten für Menschen mit Behinderung hergestellt wird. Das Sortiment umfasst vor allem Geschenkartikel aus Metall, Keramik, Glas, Holz und Textilien. Daneben gibt es dort auch ein kleines Bistro, in dem die Produkte der Ursberger Klosterbäckerei erhältlich sind.
Geöffnet ist der Laden von Montag bis Freitag (7 – 17 Uhr) und am Samstag (7 – 12 Uhr).

Übernachten

Im Klosterbräuhaus befindet sich ein Hotel mit 3-Sterne-Superior-Standard. Alle Zimmer (auch für Familien und Allergiker) verfügen über WC, Dusche und Kabel-TV. Zum Hotel gehören auch ein Wellnessbereich mit finnischer Sauna und Dampfbad (DZ ab 99 Euro)

Klosterbräuhaus Ursberg
Dominikus-Ringeisen-Str. 2
86513 Ursberg
Tel. 0 82 18/99 890
info@klosterbraeuhaus.de
www.klosterbraeuhaus.de

Sehenswürdigkeiten

Saftige Wiesen, sanfte Hügel und dichte Wälder: Ursberg liegt in einem besonders idyllischen Teil von Bayerisch-Schwaben. Wen es dorthin verschlägt, der findet Ruhe und viel Natur. Wer auf die Landkarte blickt, wird aber auch feststellen, dass Ursberg sich ziemlich in der Mitte eines Quadrats befindet, an dessen Eckpunkten vier touristische Höhepunkte warten: Augsburg mit der berühmten und seit 1523 ununterbrochen bewohnten Fuggerei, dem prunkvollen Rathaus, Ulm mit seinem historischen Zentrum und dem Münster mit dem höchsten Kirchturm der Welt, Memmingen mit seiner noch in vielen Bereichen erhaltenen mittelalterlichen Altstadt sowie schließlich Landsberg am Lech mit dem prächtigen Alten Rathaus, dem Ursulinenkloster und dem aus dem 13. Jahrhundert stammenden Schmalzturm. Alle vier Städte sind von Ursberg aus in 45 Minuten zu erreichen.

Renaissance-Architektur von Weltruhm: das Augsburger Rathaus.

Einrichtungen des Klosters

Auf dem ehemaligen Klostergelände in Ursberg muss man zwei Bereiche unterscheiden: jenen des Dominikus-Ringeisen-Werks und jenen der St. Josefskongregation.
Unter dem Dach des Dominikus-Ringeisen-Werks befinden sich auf dem weitläufigen Gelände ein Gymnasium, eine Werkstatt für Menschen mit Behinderung, der Ursberger Laden, die Klosterbäckerei und die Klostergärtnerei, in der Obst, Gemüse und Zierpflanzen aus eigenem Anbau verkauft werden. Für Gruppen zwischen 10 und 30 Personen besteht die Möglichkeit, das Dominikus-Ringeisen-Werk kennen zu lernen und den Mitarbeitern der Werkstätten über die Schulter zu schauen. Die Führung dauert ca. 90 Minuten; im Vorfeld oder im Anschluss daran besteht die Möglichkeit, das Klostermuseum, den Ursberger Laden oder das Klosterbräuhaus zu besuchen. Die Führungen werden von Montag bis Donnerstag um 9.30 und 14.30 Uhr durchgeführt.
Weitere Informationen und Anmeldung unter Tel. 0 82 81 / 92 20 77.

Reine Handarbeit: In Ursberg gibt es eine eigene Hostienmanufaktur.

Für das Klostermuseum sind die Schwestern der St. Josefskongregation verantwortlich. Dort, im 1. Stock des Westfügels, sind zahlreiche Kunstwerke aus dem 15. bis 20. Jahrhundert sowie Erinnerungsstücke an Dominikus Ringeisen ausgestellt. Einzelne Exponate stammen noch aus der Zeit, als Ursberg ein Kloster war.
Das Museum ist täglich (außer montags) von 14 – 17 Uhr sowie nach Vereinbarung unter Tel. 0 82 81 / 92 33 30 geöffnet; der Eintritt basiert auf Spendenbasis.

Eine Besonderheit ist darüber hinaus die Hostienbäckerei, wobei jede einzelne Hostie mit der Hand ausgestanzt wird. Dabei lassen sich die Schwestern gerne über die Schulter blicken; Terminvereinbarungen sind unter Tel. 0 82 82 / 92 31 28 möglich.

Ebenfalls etwas Außergewöhnliches ist der von den Schwestern angebotene Kostümverleih. Im Fundus des Hauses befinden sich rund 2 800 Damen- und Herrenkostüme aus verschiedenen Epochen; weitere Informationen hierzu unter Tel. 0 82 81 / 92 33 93.
Und dann werden in Ursberg auf Bestellung auch noch individuelle Stickereien im Stile der Klosterarbeiten angefertigt; Anfragen sind an Tel. 0 82 82 / 92 31 29 zu richten.

St. Josefskongregation

Die 1897 von Dominikus Ringeisen gegründete St. Josefskongregation mit dem Ordenskürzel CSJ ist eine römisch-katholische Schwesterngemeinschaft (Kongregation) mit der Regel des Regulierten Dritten Ordens des hl. Franziskus als Grundlage ihrer Lebensform. Dem Franziskanerorden wurde die Kongregation am 27. Januar 1906 angegliedert. Bei der ersten feierlichen Einkleidung am 19. März 1897 banden sich 115 Frauen an das Leben in der Schwesterngemeinschaft.

Dominikus Ringeisen wandte sich Menschen mit Behinderungen zu. Für sie schuf er Orte zum Leben und Möglichkeiten, sich zu entfalten: das Dominikus-Ringeisen-Werk. 1884 begann dies mit dem Kauf der ehemaligen Abtei in Ursberg. Die Schwestern der St. Josefskongregation erfüllten die erforderlichen Aufgaben der Betreuung der dort lebenden Menschen.

Nach dem Tod von Ringeisen im Jahr 1904 führte die Kongregation die Behinderteneinrichtung als alleiniger Träger über hundert Jahre weiter. Im Jahr 1996 verselbständigte die Kongregation das Dominikus-Ringeisen-Werk als kirchliche Stiftung des öffentlichen Rechts. Die St. Josefskongregation bleibt mit dem Werk aber in engem Kontakt und trägt in dessen Gremien die Ziele und Entwicklungen der Stiftung mit.

Derzeit leben etwa 90 Schwestern in der St. Josefskongregation, die in verschiedenen Bereichen und Aufgabenfeldern tätig sind. Dazu zählt auch die Fortführung der Brautradition: Das Klosterbräuhaus Ursberg ist vollständig im Besitz der Kongregation, für den Betrieb zeichnet Generalökonomin Sr. Marianne Rauner CSJ verantwortlich, die mit Geschäftsführer Bernd Schramm und Brauereileiter Ernst Kerler zwei weltliche Herren für das Tagesgeschäft an ihrer Seite hat.

Lenken die Geschicke des Klosterbräuhauses: Generalökonomin Sr. Marianne Rauner CSJ und Geschäftsführer Bernd Schramm.

Ursberger Bierspezialitäten

Ursberger Märzen

Ein untergäriges Klosterbier mit leuchtender Bernsteinfarbe. In der Nase feine Malznote und dezente Hopfenblüte. Körperreich und besonders süffig im Geschmack mit intensiven Malzaromen und einer besonders milden Bittere.
Stammwürze 13,5 %, Alkohol 5,5 % vol.

Ursberger Dunkel

Aus dunklem Gerstenmalz untergärig gebrauter Klassiker in Ursberg. Dunkle Reflexe im Glas, gekrönt von einem cremefarbenen, sehr stabilen Schaum. Duftet nach feinen Malzaromen, die auch den vollmundigen, kräftigen Geschmack beherrschen, der sich obendrein durch viel Harmonie und eine dezente Bitternote auszeichnet.
Stammwürze 13,5 %, Alkohol 5,5 % vol.

Ursberger Pils

Ein untergäriges, prickelndes Vergnügen. Im Geruch sehr aromatisch und frisch mit leichten Anklängen von Zitrusfrüchten. Danach wird jeder Schluck zum Vergnügen: Der feinherbe, schlanke Körper ist erfrischend, die ausgeprägt feinherbe Hopfenbittere sorgt für eine perfekte Pils-Aromatik.
Stammwürze 11,5 %, Alkohol 4,8 % vol.

Ursberger Zwickel

Ein typisch unfiltriertes, goldgelbes Kellerbier mit leichter Trübung und wenig Kohlensäure. In der Nase würzige Malzaromen und Anklänge von Zitrusnoten. Am Gaumen zunächst malzbetont mit dem Aroma von Zitronen und Orangen, sehr süffig mit einem langen, malzig-süßen Abgang.
Stammwürze 13,5 %, Alkohol 5,5 % vol.

Ursberger Aloisius

Kräftiger, bernsteinfarbener, von sahnigem Schaum gekrönter Doppelbock, den es nur in der Starkbierzeit gibt. In der Nase dominieren malzige Aromen. Wie für einen Doppelbock üblich, am Gaumen sehr kräftiger, voller Körper mit intensivem Malzgeschmack, der von leichten Bitternoten ummantelt wird.
Stammwürze 18,5 %, Alkohol 7,8 % vol.

Ursberg-Geschäftsführer
Bernd Schramm (li.) und
Brauereileiter Ernst Kerler

KLOSTER
URSBERG

Weißenohe

Kloster und Klosterkirche St. Bonifatius
Brauerei und Wirtshaus

Kloster Weißenohe

Wer in das 25 Kilometer nordöstlich von Nürnberg gelegene Weißenohe kommt, der sieht schon von weitem den 45 Meter hohen Turm der heutigen Pfarrkirche, die einst das spirituelle Zentrum des Klosters bildete. Zusammen mit dem einstigen Abt- und Gästeflügel sowie den vorgelagerten Wirtschaftsgebäuden des ehemaligen Klosters beherrscht die Kirche das Ortsbild. Die Wurzeln des Klosters reichen zurück ins 11. Jahrhundert, in Weißenohe nennt man sogar 1053 als das Gründungsjahr, worüber es aber keinen Nachweis gibt. Als erste gesicherte Nachricht bestätigte Papst Paschalis II. im Jahr 1109 die Stiftung des Klosters durch den 1102 verstorbenen Pfalzgrafen Aribo IV. zu Ehren des hl. Bonifatius. Die ersten Mönche kamen wohl aus dem benediktinischen Reformkloster Michelsberg bei Bamberg.

Die Anfangsjahre von Weißenohe fielen in die Zeit des Investiturstreits. Aufgrund seiner Treue zu Rom erlangte der Konvent auch nach dem Wormser Konkordat von 1122 päpstliche Vollmachten, zu denen vor allem die freie Abtwahl und die freie Wahl des Vogtes als Rechtsbeistand gehörten.

Kloster Weißenohe – lange ein Spielball der Mächte

Mit dem 1151 erteilten Recht, über jeden, der dem Kloster Schaden zufügt, die Exkommunikation aussprechen zu dürfen, stärkte Papst Eugen III. die Autorität der Gemeinschaft ganz wesentlich. Die Bestätigung des Güterbesitzes durch Papst Cölestin II. im Jahr 1195 bildete zudem eine wichtige Voraussetzung für die klösterliche Grundherrschaft. Weißenohe war eine kleine Klostergemeinschaft. So bestand der Konvent 1327 nur aus dem Abt und drei Patres und bei der Abtwahl von 1430 nur aus zwei Priestermönchen, denen überdies weder die Klosterdisziplin noch die Verwaltung der ökonomischen Grundlagen ihres Konvents besonders am Herzen lag. Zu Beginn des 16. Jahrhunderts führten dann sinkende Wirtschaftskraft und, daraus resultierend, eine hohe Verschuldung sowie religiöse und juristische Auseinandersetzungen zum Niedergang

des Klosters. So wurde die Benediktinerabtei zu Beginn des 16. Jahrhunderts zum Spielball der drei umliegenden Mächte Bamberg, Nürnberg und der Oberpfalz, zwischen denen sie beinahe aufgerieben wurde. Aufgrund seiner geographischen Lage – das heute zu Oberfranken gehörende Weißenohe war über viele Jahrhunderte hinweg ein Bestandteil der Oberpfalz – ragte es geradezu wie ein Fremdkörper in das Gebiet der Reichsstadt Nürnberg und war zeitweise vollständig von der Oberpfalz getrennt. Nürnberg ließ deshalb nichts unversucht, seine meist ungerechtfertigten Ansprüche über Jahrhunderte hinweg geltend zu machen. Auch der Bischof von Bamberg versuchte immer wieder Einfluss zu nehmen. Während des Landshuter Erbfolgekriegs wurde Weißenohe 1504 besetzt, und Abt Eucharius Gozmann musste der Stadt Nürnberg huldigen. Als sich die Mönchsgemeinschaft 1507 unter den Schutz des Bamberger Bischofs stellte, suchte Nürnberg seine Ansprüche militärisch durchzusetzen. Reichsstädtische Truppen fielen plündernd und brandschatzend ein.

Mal katholisch, dann wieder evangelisch

Über Jahre dauerten die Rechtsstreitigkeiten zwischen dem Hochstift Bamberg und der Reichsstadt Nürnberg an, ehe ein 1523 geschlossener Vertrag zwischen Nürnberg und der Kurpfalz für klare Verhältnisse sorgte: Nürnberg behauptete zwar die hohe Gerichtsbarkeit, doch alle übrigen Rechte gingen an die pfälzischen Kurfürsten.

Trutzige Architektur: die ehemaligen Klostergebäude von Weißenohe.

Wohl noch am Tag des Ablebens des letzten Abtes Achatius von Hirschheid im Jahr 1554 wurde das Benediktinerkloster von der protestantischen Pfalz in Besitz genommen und in ein Klosteramt übergeführt, das sich um die Verwaltung der Liegenschaften des aufgelösten Klosters kümmerte. Die Reformation hatte Weißenohe erreicht: Erleichtert wurde dies auch dadurch, dass sich mit Johann Modschidler einer der zwei noch verbliebenen Mönche zur lutherischen Lehre bekannte und als Administrator das Klosteramt übernahm. Es folgten in Weißenohe rund 100 Jahre mit beständigen Religionswechseln: lutheranisch, calvinistisch, katholisch. Nach der Rekatholisierung der Oberpfalz durch das Kurfürstentum Bayern konnte das aufgehobene Kloster dank der Förderung durch Kurfürst Ferdinand Maria wieder besetzt werden. Bereits 1661 zogen zwei Benediktiner aus Prüfening bei Regensburg in die alten Klostergebäude ein. Am 26. Juli 1669 kam es zur endgültigen Erneuerung des Konvents, im Jahr 1695 folgte dann die Wiedererhebung als eigenständige Abtei. Die von Prüfening ausgesandten Prioren waren teilweise hochgelehrte Theologen, die noch während der Vorbereitungen für den Neubau des Klosters mit der Einrichtung eines theologischen Studienseminars begannen.

Barocke Kunstpflege, geistiger Anspruch, dann aber das Auflösungsgesuch

Von der Blütezeit des Klosters im 18. Jahrhundert zeugt seine barocke Kunstpflege: Schon 1690 legte man den Grundstein für einen neuen Konventbau und die Kirche, die 1707 fertiggestellt waren; die alte Klosteranlage und die Kirche waren in dieser Zeit sukzessive abgebrochen worden. Zwischen 1725 und 1727 entstand der heute noch erhaltene Prälatenflügel, der Mitte des 18. Jahrhunderts um ein großzügiges Treppenhaus ergänzt wurde. Die Vierflügelanlage bot repräsentative Räume, die das erneuerte Selbstverständnis des Prälatenklosters widerspiegelten. Der geistige Anspruch der klösterlichen Gemeinschaft kam nicht zuletzt in ihrer reichen Festkultur zum Ausdruck, etwa in von den Äbten verfassten Singspielen und Kantaten. Eine reichhaltige Bibliothek und ein Naturalienkabinett zeugten zudem von großem wissenschaftlichen Interesse. Im Jahr 1785 wurde sogar eine eigene Druckerei im Kloster eingerichtet. Dem Konvent gehörten im 18. Jahrhundert deshalb auch hervorragende Gelehrte an: Pater Marian Dobmayr lehrte als Professor für Dogmatik

Führungen

An jedem dritten Samstag im Monat werden Besucher (ausschließlich nach vorheriger Anmeldung) durch die Brauerei geführt und auf Wunsch zu einer Bierprobe gebeten und mit einer Brotzeit verwöhnt. Anmeldungen sind unter Tel. 0 91 92 / 591 möglich und auch dringend zu empfehlen, da nur maximal 30 Personen an einer Führung teilnehmen können.
Weitere Information unter www.klosterbrauerei-weissenohe.de

am kurfürstlichen Lyzeum in Amberg sowie an der bayerischen Landesuniversität Ingolstadt, und Pater Willibald Schrettinger war als Verfasser von Lehr- und Handbüchern ein Begründer der Bibliothekswissenschaft und später Kustos an der Hof- und Staatsbibliothek in München.
Pater Schrettinger war es auch, der die Aufhebung seines Klosters wesentlich beförderte: Mit sieben Mitbrüdern richtete er das Auflösungsgesuch an die Regierung in München. Nachdem Weißenohe bereits im Februar 1802 unter kurfürstliche Administration gestellt worden war, erging 1803 im Rahmen der Säkularisation der endgültige Aufhebungsbescheid. Die Klostergebäude und die Güter, darunter 32 Bauernhöfe und 129 Häuser in zwölf Dörfern sowie Wälder und Ackerland gingen in Staatsbesitz über und wurden größtenteils 1804 versteigert. Bereits 1803 wurde die Brauerei verkauft, die seit 1827 von der Familie Winkler geführt wird. Ein kleiner Teil der klösterlichen Büchersammlung gelangte zwischen 1805 und 1807 in die Provinzialbibliothek nach Amberg.

Verheerender Brand zerstört zwei Flügel der Klosteranlage

Die Abteikirche diente fortan als Pfarrkirche, das Klosterrichterhaus wurde als Pfarrhof genutzt. Mitte des 19. Jahrhunderts fielen dann der östliche und südliche Flügel der früheren Klosteranlage, in denen vorwiegend Wohnungen untergebracht waren, einem Brand zum Opfer, so dass heute nurmehr die von

Wacht über Weißenohe und die Kirche, die seinen Namen trägt: der hl. Bonifaz.

den Flammen verschonten Gebäude erhalten sind. Der östliche und südliche Klosterflügel mussten nach dem Brand abgerissen werden, die Steine der alten Mauern wurden teilweise in den Häusern des Orts verbaut.
Ungewiss bleibt die Frage nach der Nutzung des verbleibenden Abtsflügels. Bis in die 1970er Jahre bewohnt, stand er lange leer, wurde dann aufwändig restauriert, diente einige Zeit als Tagungshaus eines privaten Unternehmens und steht nun wieder leer. Derzeit bemüht sich ein Förderverein unter dem Dach des Fränkischen Sängerbundes darum, im Abtsflügel eine Chorakademie zu errichten.

Barockes Kleinod in Franken: Die Weißenoher Kirche wurde von renommierten Künstlern der damaligen Zeit gestaltet.

Die dem hl. Bonifatius geweihte Kirche, die mit ihrem 45 Meter hohen Turm den gesamten Ort überragt, dient heute als Pfarrkirche der katholischen Pfarrgemeinde. Am 5. April 1690, nach dem Abbruch der alten Kirche, wurde der Grundstein für den Neubau gelegt. Von 1692 bis 1707 entstand nach Plänen von Wolfgang Dientzenhofer aus der berühmten Baumeisterfamilie eine prachtvolle Wandpfeilerkirche. Dientzenhofer war ab 1697 auch Oberbauleiter in Weißenohe. Die Ausgestaltung der Kirche besorgten renommierte Künstler, darunter der Maler Johann Gebhard aus Prüfening, ein Schüler der Gebrüder Asam, und der Bildhauer Johann Michael Doser, der Altäre, Kanzel und Orgelprospekt lieferte.

Im Jahr 1722 erhielt die Kirche vier Glocken, davon drei im Turm und eine kleinere im Dachreiter auf dem östlichen Giebel. 1724 kam dann die Orgel dazu, und 1777 stiftete der Klosterjäger Joseph Streidel den so genannten Wiesaltar, der 1786 neben dem Benediktusaltar installiert wurde.

Am 1. Mai 1803 wurde das Kloster Weißenohe schließlich säkularisiert: Kirche und Kloster wurden mit allem Grundbesitz dem Staat einverleibt. Sogar die große Glocke wurde entfernt, da die Pfarrgemeinde sie nicht zurückkaufen konnte. Da die Glocke so groß war, dass man sie nicht ausbauen und abtransportieren konnte, musste sie im Turm zerschlagen werden.

Als Pfarrer Franz Xaver Athanasius Böhm 1841 verstarb, vermachte er der Pfarrei Weißenohe 300 Gulden für die Anschaffung einer neuen Glocke, die dann 1852 eingebaut wurde. Mitte des 19.Jahrhunderts fertigte der Kirchenmaler Ronke die Deckengemälde Geburt Christi, Auferstehung und Sendung des hl. Geistes. In den Gewölbekappen sind die vier Kirchenväter Ambrosius, Augustinus und Gregor und Hieronymus sowie die vier Evangelisten dargestellt.

Den Kirchenpatron erst verbannt, dann wieder zurückgeholt

Nach einer umfassenden Renovierung wurden 1899 die drei Heiligenfiguren der Kirchenfassade aufgestellt: der hl. Bonifatius über dem Portal, flankiert von Wunibald und Walburga. Während des 2. Weltkriegs wurden auch in Weißenohe Glocken beschlagnahmt. Die große Glocke wurde eingeschmolzen, während die mittlere Glocke erhalten blieb. Sie kam nach dem Krieg auf einen sogenannten Glockenfriedhof in Hamburg und wurde 1947 von dort der Pfarrei zurückgegeben. 1949 kam dann zum Geläut eine neue große Glocke dazu. Im Zuge einer großen Restaurierung der Kirche in den Jahren 1965/66 wurde die Statue des hl. Bonifatius aus der Fassade entfernt und mit anderen Skulpturen in eine Abstellkammer im Turm verbannt. Zum Kirchenjubiläum 2007 kehrte Bonifatius dann aber wieder an seinen angestammten Platz zurück.

Ein noch relativ junges Stück: Die Orgel in der Pfarrkirche wurde 1926 eingebaut.

Kunst und Kultur

Seit 1999 beschäftigt sich die Klosterbrauerei Weißenohe mit zeitgenössischer Kunst und stellt ihre Räumlichkeiten in der alten Mälzerei für die einmal jährlich im September stattfindenden Ausstellungen des gemeinnützigen Vereins KunstRaum Weißenohe zur Verfügung. Dabei werden vor allem gesellschaftliche Prozesse und Erscheinungen thematisiert, wobei Weißenohe zu einem Laboratorium geworden ist, in dem ganz bewusst gestalterische Grenzen überschritten werden und das Experiment ein fester Bestandteil jeder Ausstellung ist. Wie eng die Verbindung zwischen Bier und Kunst ist, zeigt sich auch daran, dass Brauerei-Chefin Katharina Winkler dem Vorstand des Kunstvereins angehört. Und im Hof der Brauerei lassen sich als unmittelbare Folge dieser künstlerischen Kooperation mittlerweile zahlreiche Exponate aus vorangegangenen Ausstellungen bestaunen.

Kunst in der alten Mälzerei: Einmal im Jahr findet dort eine Ausstellung statt.

Übernachtungsmöglichkeiten

Weißenohe – ein malerisch gelegener Ort am südlichen Rand der Fränkischen Schweiz.

Auf dem Gelände von Kloster Weißenohe selbst stehen keine Gästezimmer zur Verfügung. Nur fünf Minuten zu Fuß ist es aber von hier bis zur Pension Windisch, deren zwei Zimmer über Dusche, WC und SAT-TV verfügen (DZ 40 Euro).

Pension Windisch
Am Tiergarten 5
91367 Weißenohe
Tel. 0 91 92 75 37
info@pension-windisch.de
www.pension-windisch.de

Wer sich direkt auf dem Klosterareal einquartieren möchte, kann aber bei Franz Winkler, dem Bruder von Brauerei-Chef Urban Winkler, aus zwei geräumigen Ferienwohnungen wählen (ab 18 Euro p.P/Nacht).

Ferienwohnung Weißenohe
Hauptstr. 23
91367 Weißenohe
Tel. 0 91 92 99 33 66
franz_winkler2002@yahoo.de
www.ferienwohnung-weissenohe.de

Sehenswürdigkeiten

Wer nach Weißenohe kommt, der findet am südlichen Rand der Fränkischen Schweiz vor allem eines: Natur, so weit das Auge reicht. Ein Muss für jeden Besucher ist der zehn Kilometer lange Fünf-Seidla-Steig, ein nach dem fränkischen Wort für Bierkrug (Seidla) benannter Wanderweg, der durch eine wunderbare Wald- und Wiesenlandschaft zu den fünf Privatbrauereien in den Gemeinden Gräfenberg und Weißenohe führt. Mit den über 10 000 Jahre alten Sinterstufen im Tal der Lillach wartet Weißenohe zudem mit einem einzigartigen Naturdenkmal auf. Bei der Lillach handelt es sich um einen der in Deutschland sehr seltenen Kalktuffbäche, die eine Heimat für viele vom Aussterben bedrohte Tier- und Pflanzenarten bieten. Vom Weißenoher Ortsteil Dorfhaus ausgehend, erreicht man die Lillachquelle über den romantischen Teufelsgraben nach gut zwei Kilometern.

Die Sinterstufen im Tal der Lillach: ein einzigartiges Naturdenkmal.

Nicht versäumen sollte man zudem einen Besuch in Nürnberg mit der mittelalterlichen Burg, dem Dürer-Haus, dem Germanischen Nationalmuseum und dem Spielzeugmuseum. Und zum Shopping zu empfehlen: die Outlets von Puma und Adidas in Herzogenaurach.

Markante Kulisse: die Burganlage von Nürnberg.

Brauerei

So ganz genau weiß man es nicht, es wird aber angenommen, dass die Benediktinermönche in Weißenohe um 1050 mit dem Brauen begonnen haben. Damit zählt die Klosterbrauerei zu den ältesten in Deutschland. Den Titel der ältesten Brauerei in Oberfranken kann Weißenohe ohnehin keiner streitig machen. Denn dass die Mönche dort unmittelbar nach der Klostergründung ihr erstes Bier angesetzt haben, gilt alleine deshalb schon als sehr wahrscheinlich, weil in jenen Tagen der Gerstensaft ein Grundnahrungsmittel der Menschen war.
Da Weißenohe aber stets ein Kloster mit sehr wenigen Mönchen war, die es zudem mit der klösterlichen Disziplin nicht immer so ganz genau nahmen, blieb dort die Zahl der auswärtigen Besucher recht überschaubar. Eine anzubetende Reliquie als Magnet für Pilger hatte man auch nicht, und obendrein lag Weißenohe mitten in jenem Gebiet, in dem sich zu Zeiten der Reformation die Lutheraner mit den Vertretern des katholischen Glaubens einen leidenschaftlichen Kampf um die religiöse Deutungshoheit lieferten. Mit anderen Worten: Als Brauereistandort mit überregionaler Sogwirkung schied Weißenohe aus. Die Aufhebung des Klosters während der Reformation und seine Wiedererhebung nach dem Dreißigjährigen Krieg trugen auch nicht dazu bei, den Ruf des Weißenoher Bieres über die häufig wechselnden Grenzen hinauszutragen.

Rösser im Einsatz: die Brauerei Weißenohe kurz vor dem Ausbruch des 2. Weltkriegs.

Allerdings hat die wechselhafte Historie des Klosters Weißenohe einem Umstand nichts anhaben können: Egal, ob Lutheraner oder Katholiken gerade das Sagen hatten – gebraut wurde immer. Dabei ging es hinter den Klostermauern aber beileibe nicht immer christlich zu. So schrieb im Jahre 1801 der Pfarrer Martin Willibald Schrettinger in sein Tagebuch: „Am 6. Januar bekamen einige einquartierte fränkische Soldaten eine Tracht Stockschläge, weil sie eine Tür eingesprengt hatten und auf den Braumeister mit bloßen Säbeln eindrangen, da er ihnen nicht jedes Mal ein Frischen vom Keller brachte." Ein Frischer war damals eine Maß Bier.
Zwei Jahre später war dann aber alles anders: Im Zuge der Säkularisation wurde das gesamte Kloster verstaatlicht. Die Brauerei wurde ab 1803 vom vormals klösterlichen Braumeister weitergeführt, ehe er aus wirtschaftlichen Gründen aufgab und sein Braurecht nebst der Braustätte im Jahr 1827 an den Braumeister Friedrich Kraus verkaufte. Der führte fortan die „fränkische

Bier aus dem Barrique

Neben dem klassischen Sortiment wartete die Klosterbrauerei Weißenohe auch mit drei besonderen Erzeugnissen auf: mit Barrique-Bier, einer würzigen Brauspezialität wie aus dem Mittelalter und dem Cannabis Club Sud.
Bei den Barrique-Bieren wird der Gerstensaft, wie man das vom Wein her kennt, vor der Abfüllung in die Flasche in alten Eichenholzfässern gelagert, die der Großvater von Braumeister Urban Winkler einst gekauft hat. Das zur Abdichtung verwendete Kiefernpech gibt dem Bier seinen unverwechselbaren Charakter – vergleichbar dem Fasseinbrand (Toasting), dessen Stärke den Geschmack des Weins prägt.
Die mittelalterliche Tradition des Würzens von Festtagsgetränken wird in Weißenohe mit dem Virtac Bior aufgegriffen. Damals zeigte man seinen Wohlstand mit der massiven Verwendung seltenster, intensivster und zugleich teuerster Gewürze. Heute wird diese flüssige Nachspeise, die man wie einen Digestiv aus einem kleinen Glas trinken sollte, mit Zimt, Kardamom, Orangenschale, Ingwer, Nelken und Piment verfeinert.
Der Cannabis Club Sud wiederum ist ein erfrischendes, kreatives Biermischgetränk, das in seiner angenehm abgerundeten Art das blumig-zitronig-bittere Hanfblütenaroma als Bereicherung des Biergeschmacks vermittelt.

Der Nachwuchs am Werk: Vincent Winkler (re.) und sein Cousin Paul Freund.

Dreifaltigkeit" aus Brauerei, Gastwirtschaft und Landwirtschaft mit wachsendem Erfolg fort. Seither ist die Brauerei in Familienbesitz, sie wird heute in der fünften Generation von Urban Winkler und seiner Frau Katharina geführt. Die beiden fühlen sich nicht nur der Fortschreibung der beinahe tausendjährigen Brauereigeschichte in Weißenohe, sondern auch gegenüber den nachfolgenden Generationen verpflichtet. Und das bedeutet in Weißenohe konkret: Seit dem Frühjahr 2001 ist die Brauerei ein Bioland-Vertragspartner, was bedeutet, dass das Weißenoher Bier fast zur Hälfte nach den strengen Verarbeitungsrichtlinien des Bioland-Verbandes gebraut wird. Und seit 2013 braut man in Weißenohe darüber hinaus nur noch mit Strom, der aus regenerativ erzeugter Energie stammt. In Weißenohe tut man dies aber nicht aus ideologischen Gesichtspunkten, sondern weil man überzeugt ist, damit die bestmögliche Qualität zu erzeugen. Der Erfolg gibt den Winklers Recht: Im Gegensatz zum Mittelalter, als das Weißenoher Bier nur im Kloster ausgeschenkt wurde, ist der Gerstensaft aus dem einstigen Benediktinerkloster heute sogar in den USA ein hoch geschätzter Vertreter der bayerischen Braukunst.

Klosterwirtshaus

Im Gegensatz zum Braubetrieb, der seit dem Jahr 1050 bis zum heutigen Tag ununterbrochen fortgeführt wird, wurde die dazugehörige Gaststätte im Jahre 1943 wegen Versorgungsengpässen geschlossen. Im Jahre 1995 wurde dann mit dem Betrieb eines Biergartens in den Sommermonaten ein Neuanfang gestartet. Die Resonanz der Gäste darauf war so positiv, dass man sich 1998 entschloss, auch die Gastwirtschaft, die zwischenzeitlich mit Büroräumen belegt war, wieder ins Leben zu rufen. Nach langer Umbauzeit der denkmalgeschützten Räume öffnete das Wirtshaus im Februar 2000 seine liebevoll renovierten Gasträume und wartet seitdem mit herzhaften Speisen und Weißenoher Bier auf. Auf der Karte des von Urban Winklers Bruder Franz geführtem Wirtshaus dürfen natürlich ein knuspriges Schäufele mit Kloß und Dunkelbiersoße, gebackener Karpfen und fränkische Bratwürste nicht fehlen. Darüber hinaus werden unter der Woche wechselnde kulinarische Aktionstage mit preiswerten Gerichten durchgeführt. Weitere Informationen unter www.das-wirtshaus-klosterbrauerei-weissenohe.de.

Familie Urban und Katharina Winkler

Als der Braumeister Friedrich Kraus im Jahr 1827 die Klosterbrauerei Weißenohe erworben hat, begründete er zugleich eine Familientradition, die bis heute andauert. Urban Winkler und seine Frau Katharina führen die Brauerei nunmehr seit 1991 in der sechsten Generation – und sie können dabei aus dem Vollen schöpfen, sie beziehen die Rohstoffe für ihr Bier aus der unmittelbaren Nachbarschaft. Das beginnt schon beim Wasser: Die Winklers sind in der glücklichen Lage, dass sie gleich über zwei eigene Quellen verfügen, deren Wasser wiederum weniger als die Hälfte des von der deutschen Trinkwasserverordnung erlaubten Nitratgehalts enthält. Im gerade mal vier Kilometer entfernten Lilling kultiviert Biolandbauer Franz Friedrich die Aromahopfensorten Hersbrucker und Spalter Select, zwei regionale Besonderheiten, die den Weißenoher Bierspezialitäten erst ihre elegante herbe Note verleihen. Auch ein großer Teil der in Weißenohe verwendeten Braugerste stammt von den Jurahöhen der Region. Schon zu klösterlichen Zeiten wurden diese Anhöhen zum Anbau von Braugerste genutzt, denn die mageren Böden führen zu einer sehr eiweißarmen und somit hervorragenden Qualität der Gerste. Die Mälzerei Bergler Klostermalz in Frauenaurach vermälzt für Weißenohe dabei nur ökologisch erzeugte Braugerste. Und die vierte nach dem heutigen Reinheitsgebot erlaubte Zutat, die Hefe, wird direkt in der Brauerei
vermehrt. Kein Wunder also, dass die Brauerei bereits seit dem Jahr 2001 ein Bioland-Vertragspartner ist und das Weißenoher Bier

Führen die Brauerei in sechster Generation: Urban und Katharina Winkler.

damit durch und durch ökologisch im Glas schäumt. Dieser hohe Anspruch zeigt sich im gesamten Produktionsprozess – von der Kontrolle der Rohstoffe über deren Herkunft und Verwendung bis hin zum traditionellen Brauvorgang und zur Abfüllung. Denn nur wer lückenlos belegt, dass die strengen Bioland-Kriterien stets eingehalten werden, erhält am Ende das begehrte Gütesiegel. Sehr zur Freude von Urban und Katharina Winkler wirtschaften in der Region um Weißenohe inzwischen immer mehr Landwirte nach ökologischen Gesichtspunkten, so dass nach und nach aus konventionell bewirtschafteten Kulturlandschaften artenreiche und naturnahe Felder, Äcker und Wiesen entstehen. Urban Winkler hat hierfür eine einfache Rechnung aufgemacht: Mit nur einem Kasten Weißenoher Classic wird der ökologische Anbau auf sieben Quadratmetern Land in der Region unterstützt.

Weißenoher Bierspezialitäten

Weißenoher Altfränkisch Klosterbier

Vollmundiges, klassisch fränkisches Bier, bernsteinfarben mit einem üppigen Schaum. Duftet süßlich mit einer markanten Karamellnote. Das kalkhaltige Brauwasser aus dem fränkischen Jura schmeckt man schon beim ersten Schluck, würzig, malzig, karamellig im Geschmack mit feiner Süße und einem sehr langen Abgang.
Stammwürze 12,3 %, Alkohol 5,1 % vol.

Weißenoher Kloster-Sud

Feinwürziges, malzbetontes Meisterstück der fränkischen Braukunst, das rötlich bernsteinfarben leuchtet und von festem Schaum gekrönt wird. In der Nase voller Nuss und Toffee und leichte Würze. Am Gaumen dann ein tolles Erlebnis: leichtes Prickeln, nussig, feine Hopfenwürze, rund und bekömmlich und unendlich lange präsent. Passt perfekt zu Steak und Sauerbraten.
Stammwürze 13,6 %, Alkohol 5,4 % vol.

Weißenoher Classic Export

Bio-Bier in der markanten Flasche mit dem Bügelverschluss: Gebraut aus Rohstoffen mit dem Bioland-Siegel, die alle aus der Region um Weißenohe stammen. Helle Honigfarbe mit elegantem Malzaroma. Schmeckt sehr frisch und spritzig mit mildem, vollmundigem Aroma und eleganter Hopfennote. Sehr süffig, angenehm herb am Gaumen, langer Abgang.
Stammwürze 12,2 %, Alkohol 5,0 % vol.

Weißenoher Bonator Dunkler Doppelbock

Perfektes Kraftpaket für die Fastenzeit: dunkelrot mit wunderbar stabiler Schaumkrone. Duftet satt nach Malz mit einer leicht süßlichen Note. Am Gaumen ein pures Vergnügen: zunächst intensive, aber nicht übertriebene Süße, dann würzig mit Anklängen von Kakao, sehr dezente Röstaromen. Kräftig, aber gut versteckter Alkohol, feine Perlage mit einem starken, an Lakritz erinnernden Abtrunk.
Stammwürze 18,5 %, Alkohol 7,8 % vol.

Weißenoher greenMONKey

Drei Hopfen – ein Bier: Dieses Konzept prägt die Serie greenMONKey, wobei für jedes der untergärigen Biere nach Pilsner Brauart nur eine einzige Hopfensorte verwendet wird: der Herbsbrucker Gebirgshopfen aus der Nähe von Weißenohe sowie die beiden Aromahopfen Polaris und Mandarina Bavaria. Entsprechend unterschiedlich fallen die Biere aus, mal würziger, mal fruchtiger, aber alle sehr süffig und trotzdem gut differenziert gemacht. Besser kann man die Unterschiede der einzelnen Hopfensorten nicht zeigen.
Stammwürze 13,4 %, Alkohol 5,9 %

Die Weißenoher Braugenerationen sechs und sieben: Vinzent, Katharina und Urban Winkler (v.li.)

KLOSTER WEISSENOHE

Weltenburg

Kloster Weltenburg und Asamkirche
Weltenburger Klosterbrauerei und Klosterschänke

Kloster Weltenburg

Wenn man wissen möchte, was sich im Jahre 617 ereignet hat, wird die Luft sehr dünn. Man weiß zum Beispiel, dass in England die Heiden unter König Eadbald den Bischof von Rochester ins Frankenreich vertrieben haben und Songtsen Gampo der neue König von Tibet wird. Man weiß aber auch, dass in jenem weit entfernten Jahr die iro-schottischen Mönche Eustachius und Agilus das Kloster Weltenburg nach den Regeln des hl. Kolumban gegründet haben. Dass sie dafür diesen Platz am Donaudurchbruch ausgewählt haben, ist nicht verwunderlich, schließlich wurde bereits im Jahr 45 n. Chr. von den Römern am Südufer der Donau eine bedeutende Grenz- und Militärstraße angelegt.

Um das Jahr 700 soll der hl. Rupert, der „Apostel der Baiern", die Klosterkirche dem hl. Georg geweiht haben, aber auch das ist historisch nicht verbrieft. Erstmals erfasst wird Weltenburg in der Liste der fränkischen Reichsklöster von 817, sofern das darin genannte „Altemburc" mit Weltenburg gleichzusetzen ist. Wenn dem so ist, könnte das Kloster tatsächlich – wie am Gewölbe des Altarraums der Kirche abgebildet – durch den Agilofingerherzog Tassilo III. gefördert worden und nach dessen Absetzung 788 an Karl den Großen gefallen sein.

Ein Benediktiner erweckt das Kloster zu neuem Leben

Zwischen 907 und 913 brausten jedenfalls die Ungarnstürme auch über Weltenburg hinweg. Das Ergebnis war, dass 932 die verbliebenen Klostergüter der Verwaltung des Regensburger Bischofs unterstellt wurden und die Abtei bischöfliches Eigenkloster wurde. Erst Bischof Wolfgang von Regensburg, ein Benediktiner, erweckte das verödete Kloster Ende des 10. Jahrhunderts wieder zum Leben. Um so mehr überrascht es, dass schon 1123 der Regensburger Bischof Hartwich I. in das erneut darniederliegende Kloster einige Augustiner-Chorherren aus dem Stift St. Florian bei Linz berufen musste, die sogleich die Kirche restaurierten. Allerdings wurden die Augustiner bereits um 1128 an das neuerrichtete Chorherrenstift St. Johann in Regensburg abberufen. Die Benediktiner kehrten wieder zurück und erhielten zur besseren wirtschaftlichen Absicherung einige Pfarreien der Umgebung zugewiesen.

Da das Kloster wieder einmal in großer finanzieller Not war, musste 1283 Abt Konrad II. sogar die Paramente, die prunkvollen Gewänder der Mönche, verpfänden, um die päpstliche Türkensteuer bezahlen zu können. Im 14. und zu Anfang des 15. Jahrhunderts wurde Weltenburg wegen seiner schlechten wirtschaftlichen Verhältnisse wiederholt von weltlichen und geistlichen Administratoren verwaltet. Teilweise mussten sich die Mönche ihren Lebensunterhalt sogar erbetteln.

Die Lage besserte sich unter Abt Konrad V., so dass man nun auch daran gehen konnte, Bau und Ausstattung der Klosterkirche zu modernisieren.

Doch schon im August 1546, zu Beginn des Schmalkaldischen Krieges, trieben kaiserliche Hilfstruppen aus Spanien Abt und Konvent in die Flucht und plünderten das Kloster. Die dadurch entstandene erneute Verarmung zwang Abt Michael II. Heysler zum Verkauf wertvoller Bücher aus der Klosterbibliothek. Und dann folgte der Dreißigjährige Krieg: Die Schweden fielen ein und plünderten das Kloster erneut. Im Jahr 1686 schloss sich das Kloster schließlich der Bayerischen Benediktinerkongregation an. Doch drohte das Kloster nun vor allem an der Disziplinlosigkeit des Konvents zugrunde zu gehen, ein Zustand, der noch 27 Jahre anhalten sollte. Seine Rettung und den heutigen Ruhm verdankt

Barocke Architektur am Ende des Donaudurchbruchs: die Benediktinerabtei Weltenburg mit der berühmten Asamkirche.

Führungen

Wer nach Weltenburg kommt, muss wissen, dass das Kloster und die Gartenanlagen nicht besichtigt werden können. Dafür werden aber nach vorheriger Anmeldung 30-minütige Führungen in der Abteikirche St. Georg angeboten – und zwar täglich (außer Karfreitag) von 9 – 11 Uhr sowie von 12 – 17 Uhr; sonn- und feiertags starten die Führungen erst ab 12.30 Uhr (Gebühr: 2,50 Euro).
Terminvereinbarung unter
Tel. 0 94 41 / 67 57 500 oder unter
kloster-weltenburg.de/anfrage-buchung-fuehrungen.
Führungen durch die Brauerei werden von April bis Oktober am Samstag und Sonntag jeweils um 11 / 12.30 / 14 und 15.30 Uhr angeboten (Gebühr: 11,80 Euro);
Führungen außerhalb dieser Zeiten und für Gruppen können unter
Tel. 09 41 / 23 03 600 gebucht werden.

Weltenburg Maurus Bächel, der am 13. Februar 1713 zum Abt von Weltenburg gewählt wurde und den Neubau von Kloster und Kirche vorantrieb, wobei er für die Ausstattung der Kirche die Gebrüder Asam, Cosmas Damian und Egid Quirin, verpflichtete.

Die Säkularisation und ihre Folgen

Mit Abt Benedikt Werner übernahm 1786 ein Mann die Leitung des Klosters, der durch ökonomisches Geschick die Abtei in kurzer Zeit auf eine solide wirtschaftliche Grundlage stellen konnte. Seit 1799 Verordneter der Landschaft, kämpfte er auch verbissen gegen die Vereinnahmung von Klosterbesitz durch den Staat, allerdings vergebens: Schon 1800/1801 wurde das Kirchensilber konfisziert. Am 5. November 1802 eröffnete der Geistliche Rat Aichberger dem versammelten Konvent die kurfürstliche Verordnung, nach der keine Novizen mehr aufgenommen werden durften und alle weltlichen Kloster-

Wo die Donau einknickt: Aus dem Durchbruch kommend fließt der Strom am Kloster vorbei.

angestellten zu Staatsbediensteten wurden. Aichberger blieb bis zum 25. November 1802 in Weltenburg, um die Finanzen des Klosters zu überprüfen und eine Bestandsaufnahme des Klosterinventars zu machen. Sogar die Korrespondenz des Abtes wurde auf verdächtiges Material hin untersucht, weshalb dieser zur besseren Abwicklung für einige Tage seine Privatzimmer räumen musste.
Die endgültige Aufhebung des Klosters und Inbesitznahme durch den Landesherrn erfolgte am 18. März 1803: Als Lokalkommissär war der Kelheimer Gerichtsschreiber Wolfgang Schwarzer eingesetzt, der als Freund des Klosters die allerhöchsten Befehle, soweit es ihm möglich war, abzumildern versuchte. Dennoch: Die wertvollsten Bücher, Archivalien, Kunstgegenstände und übrigen Sammlungsobjekte gelangten in Staatsbesitz nach München, Landshut und Straubing. Da sich die Weltenburger Mönche für die Aufgabe der Klostergemeinschaft aussprachen, erhielten sie Mitte Juli 1803 vom Bischöflichen Ordinariat in Regensburg eine Dispens und verließen, mit einer schmalen Pension versehen, das Kloster.

Da Kirche und Kloster von Weltenburg keinen Käufer fanden, wurden 1812 in einem Teil der leerstehenden Gebäude der Pfarrhof, eine Schule und eine Lehrerwohnung eingerichtet; die Klosterkirche erhielt anstelle des Gotteshauses in Straubing den Status einer Pfarrkirche und wurde so vor dem Verfall gerettet.

Die turbulenten Zeiten gut überstanden

König Ludwig I. von Bayern hat dann einige säkularisierte Klöster wiederbelebt: Am 25. August 1842 wurde so auch von der Benediktinerabtei Metten aus das Kloster Weltenburg als selbständiges Priorat wiedereröffnet, mit einer ansehnlichen Summe für die Reparatur des Klosters und den Rückkauf früherer Liegenschaften, darunter auch die Brauerei, ausgestattet. Im Jahre 1858 tagte in Weltenburg das erste Generalkapitel der wiedererrichteten bayerischen Benediktinerkongregation. 1904 gründete das Kloster eine Landwirtschaftsschule, die bis auf eine Unterbrechung während der NS-Herrschaft bis 1972 bestand. Von 1923 bis 1968 leitete Abt Emmeram Gilg das Kloster, dem unter anderem auch die beiden Restaurierungen der Klosterkirche (1928 bis 1931 und 1960 bis 1962) zu verdanken sind. Heute sieht die Benediktinerabtei Weltenburg ihre Hauptaufgabe in der Seelsorge und Erwachsenenbildung, das Kloster wie auch die Brauerei haben die wechselvolle Geschichte der vergangenen Jahrhunderte erstaunlich gut überstanden.

Kirche

Wer sich der Weltenburger Klosterkirche nähert, ist nicht sonderlich ergriffen. Zu sehr nimmt einen die Lage des Klosters an dieser Engstelle der Donau gefangen, zu wenig spektakulär mutet die Fassade an. Doch wer das Portal durchschreitet, der verstummt von einem Moment auf den anderen. Man wird von Ehrfurcht erfasst angesichts der barocken Pracht, denn die Abteikirche, die Prior Maurus Bächl von 1716 bis 1719 erbauen ließ, ist eine der bedeutendsten Sakralbauten des europäischen Barock.

Nachdem der Rohbau stand, erhielt der Baumeister Cosmas Damian Asam den Auftrag, sich um alles weitere zu kümmern.

Er holte seinen Bruder Egid Quirin mit ins Boot, der Rest ist Geschichte. Die Weltenburger Klosterkirche ist das erste sakrale Bauwerk, das die berühmten Asam-Brüder gemeinsam gestaltet haben. Beim Betreten des Inneren wird man von der barocken Pracht geradezu überwältigt. 20 Meter hoch wölbt sich die von acht Säulen aus Weltenburger Marmor getragene Kuppel über den Hauptraum, der in vier große und vier kleine Nischen unterteilt ist. In den kleinen Nischen befinden sich Altäre, die von Egid Quirin Asam gestaltet wurden. Die erste der großen Nischen verbindet den Haupt- mit dem Vorraum, darüber thront die mächtige Orgel. Die Nische an der Südseite ist mit einem Fresko ausgestaltet, das die Ankunft der Benediktiner in Amerika zeigt. Die dritte Nische ist die große Toröffnung zum Presbyterium mit dem Hauptaltar als Mittelpunkt, und in der vierten Nische befindet sich die Kanzel. Das Deckenfresko stellt in gemalter Architektur mit

Ein Meisterwerk der Gebrüder Asam: der Innenraum der Weltenburger Klosterkirche.

Thront über dem Kirchenraum: die mächtige Orgel.

Säulen, Gesims und Täfelung die verklärte Kirche dar. In der Kuppel der hl. Geist als die Herzmitte der Kirche, vorne Gott und Jesus, wie sie Maria krönen.

Faszinierender Kontrast zwischen Licht und Dunkelheit

Darunter schließt sich die Aufnahme des Kirchenpatrons St. Georg an. Rechts davon die Allegorie „Triumphierende Kirche", Benedikt und Scholastika; dann an der Spitze des Konvents Abt Maurus Bächl mit Rauchmantel. Über der Kanzel sind die zwölf Apostel und der Bayernapostel St. Rupert abgebildet. Für Cosmas Damian Asam war bei der Gestaltung dieses Raums eine tiefe theologische Konzeption bestimmend. Er wollte den Kontrast herausgestellt wissen zwischen Licht und Dunkelheit als den Symbolen für menschliches Suchen, Tasten und Fragen nach Sinn und Wesen seiner selbst und der liebenden Antwort Gottes in seiner Offenbarung. Am schönsten wirkt die Kirche übrigens in den frühen Morgenstunden, wenn die Sonne durch die drei rückwärtigen Fenster scheint.

Sehenswürdigkeiten

Zunächst einmal ist das Kloster Weltenburg selbst eine Sehenswürdigkeit ersten Ranges, die man aber noch intensiver erlebt, wenn man sich diesem Ort nicht von Land, sondern vom Wasser aus nähert. Ab Kelheim verkehren tägliche Schiffe auf der Donau zum Kloster Weltenburg und von dort weiter durch den Donaudurchbruch (www.schiffahrt-kelheim.de).

Wer schon mal in Kelheim ist, der sollte auch unbedingt die Befreiungshalle (Foto) besichtigen. Das von König Ludwig I. in Auftrag gegebene Bauwerk mit einer Höhe von 45 Metern und einem Durchmesser von 29 Metern ist ein Andenken an die siegreichen Schlachten in den Befreiungskriegen von 1813 bis 1815 gegen Napoleon. Die innere Empore erreicht man über 82 Stufen. Nach weiteren 40 Stufen gelangt man auf die äußere Aussichtsterrasse, von der man eine weite Sicht in das Donau- und Altmühltal hat. Der Kuppelsaal ist für Rollstuhlfahrer und Gehbehinderte auch per Aufzug erreichbar.

Und dann ist da natürlich noch Regensburg, eine Stadt, direkt an der Donau gelegen, von unvergleichbarer Schönheit und einer Geschichte, die bis in die Römerzeit reicht. Die Altstadt mit dem alles überragenden Dom gehört zum UNESCO-Weltkulturerbe.

Über eine Jahrhunderte lange Geschichte verfügen alle bayerischen Klosterbrauereien, aber keine reicht so weit zurück wie jene von Weltenburg: Man ist dort schon ein wenig stolz, sich „älteste Klosterbrauerei der Welt" nennen und als Gründungsjahr 1050 angeben zu können: ein protokollarischer Eintrag im knapp 1000 Jahre alten „Libellus Traditionum" ist als Quelle wissenschaftlich anerkannt.
Dabei könnte es gut sein, dass die Brauerei sogar noch um 15 Jahre älter ist, weil im Weltenburger Totenbuch vermerkt ist, dass 1035 der Braumeister starb.
Man weiß natürlich nicht mehr, wie das Bier damals geschmeckt hat, es muss aber schon zur Erbauung der Geistlichkeit beigetragen haben, anders ist nicht zu erklären, dass das Kloster und seine Brauerei bis zum heutigen Tag eine untrennbare Einheit bilden. Natürlich wurde auch in Weltenburg während der ersten Jahrhunderte das Bier für die Mönche gebraut, der Ausschank an Pilger und Besucher folgte aber erst sehr viel später. Und damals hätte man sich beim besten Willen auch nicht vorstellen können, dass einmal weltliches Personal dafür sorgen sollte, dass Weltenburger Bier rund um den Globus in 29 Ländern vertrieben wird.

Blank polierte Sudkessel für vielfach prämiertes Bier.

Weltenburger Bier auf der ganzen Welt zuhause

Anfang der 1970er Jahre durchlebte die Brauerei, die von Plünderungen des Klosters unter anderem während des Dreißigjährigen Krieges schon einiges gewohnt war, ihre größte Krise. Die Benediktiner sahen sich nicht mehr in der Lage, Bier unter vertretbaren wirtschaftlichen Aspekten zu brauen. Hinzu kam, dass die technischen Anlagen ziemlich veraltet waren. Als glückliche Fügung erwies sich im Jahr 1973 die mit der Regensburger Brauerei Bischofshof getroffene Vereinbarung: Seither führen die Weltlichen von Bischofshof die Weltenburger Klosterbrauerei in Personalunion mit und leisten mit ihrer Pacht einen wesentlichen Beitrag dazu, dass die Benediktiner, die sich vor allem um die Seelsorge und die Gästebetreuung im Haus St. Georg kümmern, das Kloster instand halten und weiter betreiben können.

Mittlerweile sind die technischen Anlagen der Klosterbrauerei längst auf dem modernsten Stand der Technik, 88 Mitarbeiter kümmern sich um die Herstellung und den Vertrieb der Biere – und das im vollen Bewusstsein um die fast tausendjährige Geschichte der Brauerei. Dies spiegelt sich nicht zuletzt darin wider, dass die Weltenburger Klosterbiere bis zu drei Monate lang im 40 Meter unter der Erde liegenden Felsenkeller gelagert werden.

Weltbekannt ist die Weltenburger Klosterbrauerei vor allem für ihr Barock Dunkel, das 2004, 2008 und 2012 mit dem „World Beer Award" in Gold als bestes Dunkelbier der Welt ausgezeichnet wurde – eine hervorragende Leistung, die bislang noch keine zweite Brauerei auf der Welt geschafft hat.

Gute alte Zeit: Damals wurde das Bier noch in Holzfässern transportiert.

Auch das Weltenburger Anno 1050 und der Asam-Bock holten beim „European Beer Star" die Goldmedaille.

Bereits dreimal mit dem World Beer Award in Gold ausgezeichnet: das Barock Dunkel.

Die Felsenkeller

In Weltenburg haben sie gleich zwei Keller aus dem Fels geschlagen: einen in der Brauerei und einen im Kloster. Für die Brauerei ist der Felsenkeller ein riesengroßer Schatz, weil hier, 40 Meter unter der Erde, die Biere optimale Voraussetzungen für ihre Reifung vorfinden. Im Rahmen von Brauereiführungen darf man auch hinuntersteigen. Der Felsenkeller des Klosters, den es schon seit dem frühen 18. Jahrhundert gibt, ist hingegen ein Besucherzentrum und Museum, das einen tiefen Einblick in die Geschichte von Weltenburg gibt. Die Ausstellung zeigt Fossilien als Zeugen der Urgeschichte, als die heutige Weltenburger Enge von einem subtropischen Meer überflutet war, sie erzählt von der sagenhaften Gründung der Mönchszelle am Donaustrand, berichtet über die Geschichte des Klosters und seiner Brauerei und präsentiert die Donau-Kahnschnecke, die das mit 5000 Jahren wohl älteste Schmuckstück Bayerns ziert. Filme über die Mönche und Brauerei runden das Angebot ab.

Das Besucherzentrum ist täglich von 10 – 17 Uhr geöffnet; der Eintritt kostet 2,50 Euro.

Zwei Felsenkeller: oben das Museum und darunter die tief unter der Erde liegende Halle, in der das Bier reift – manchmal trifft man dort sogar Abt Thomas M. Freihart.

Klosterschenke

Bewirtet wurden Gäste, Pilger, Handwerker, Fischer und Schiffer im Kloster Weltenburg schon immer. Doch seit geraumer Zeit ist Weltenburg auch unter kulinarischen Gesichtspunkten eine bemerkenswerte Adresse. Man bietet hier mehr als die typisch bayerische Gastlichkeit, was sich schon daran zeigt, dass das Lammfleisch von der Hüteschäferei im Naturpark Altmühltal und das Spanferkel von Joseph Kiermayer aus Rappersdorf stammen. Alles streng regional also, wie die Klosterwurst, die nach einem alten Weltenburger Hausrezept von der Metzgerei Gierstorfer in Pfatter hergestellt wird, und der auf der Brotzeitkarte unverzichtbare Klosterkäse, den eine kleine Sennerei im Allgäu nach einem Rezept der Klosterschenke fertigt und reift.

Und so ganz nebenbei verfügt die Klosterschenke auch über einen der schönsten Biergärten in ganz Bayern. Bewirtet wird man hier täglich von 9 – 19 Uhr.

Weltenburger Spezialität: das dunkle Bier.

Unter mächtigen Bäumen schmeckt es besonders gut: der Weltenburger Biergarten.

Übernachten

Die einmalige Lage von Kloster Weltenburg bringt es mit sich, das an diesem geistlichen Ort tagsüber der sprichwörtliche Teufel los ist. Am Abend aber, wenn die Busse aller wieder auf dem Heimweg sind, entfaltet die Klosteranlage eine besondere Faszination. Deshalb ist eine Übernachtung hier dringend zu empfehlen.
Dafür steht im Kloster das Haus St. Georg zur Verfügung, das über 43 Zimmer mit Dusche und WC sowie über 15 Zimmer ohne eigenes WC verfügt (DZ 74 Euro ohne WC, 92 Euro mit WC).

Haus St. Georg

Asamstr. 32
93309 Kelheim
Tel. 0 94 41 / 67 57 500
gaestehaus@kloster-weltenburg.de
www.kloster-weltenburg.de

In Kelheim ist das Dormero Hotel (4 Sterne) zu empfehlen. Nur fünf Minuten zu Fuß von der Donau entfernt, bietet das in der historischen Altstadt gelegene Haus modern eingerichtete Zimmer, Fitnessstudio, Sauna, Dampfbad und eine stylische Panoramabar (DZ 98 Euro).

Dormero Hotel

Donaustr. 22-26
93303 Kelheim
Tel. 0 94 41 / 17 70 50
fo.kelheim@dormero.de
www.dormero.de/hotel-kelheim

Veranstaltungen

Dass das Kloster Weltenburg noch ein Kloster im klassischen Sinne ist, merkt man daran, dass es dort keine auf ein möglichst großes Publikum zielenden Veranstaltungen gibt. Stattdessen besinnt man sich hier auf die geistlichen Wurzeln der Benediktiner und bietet etwa Ikonenmalkurse, philosophische Seminare, biblische Wochenenden, Choralkurse oder Seminare zu Bibel, Spiritualität und Kunst an – genau das Richtige also für jene, die der Hektik des Alltags entfliehen und einmal zur Ruhe kommen und sich selbst finden wollen.
Weitere Informationen dazu im Gästehaus St. Georg unter Tel. 0 94 41 / 67 57 500 oder per E-Mail unter gaestehaus@kloster-weltenburg.de.

Klosterladen

Der Weltenburger Klosterladen mit dem alten Tonnengewölbe vereint geistliche und weltliche Bedürfnisse. Natürlich findet man dort die Spezialitäten der Klosterbrauerei (für besonders Durstige gibt es das Bier sogar in kleinen Fässern) wie auch den Klosterlikör. Daneben aber beherrschen religiöse Literatur, Holzschnitzereien, Kerzen, Ikonen und religiöse Kunst aus Bronze das Sortiment. Und für den, der Weltenburg zuhause auch hören möchte, gibt es CDs mit dem Glockengeläut und der klösterlichen Orgel.
Öffnungszeiten: täglich von 9 – 19 Uhr

Abt Thomas M. Freihart

Das Bier lassen die Benediktiner von Weltenburg schon seit geraumer Zeit von Weltlichen brauen, und doch ist Abt Thomas M. Freihart in der Brauerei fortwährend präsent. Zwar nicht immer persönlich, weil das angesichts seiner vielfältigen Aufgaben gar nicht möglich wäre, aber dafür mit seinem persönlichen Wappen.

In Weltenburg hat es eine lange Tradition, dass das Wappen des jeweiligen Abts an exponierter Stelle angebracht wird. Damit wird die Verbundenheit der geistlichen Herren mit den weltlichen Braumeistern unterstrichen. Abt Thomas, der seit 1995 an der Spitze der Abtei steht, stellt seinen Dienst unter das Motto: „Caritatem non derelinquere – Von der Liebe nicht lassen." Mit diesem das Wappen umfließenden Wahlspruch aus dem 4. Kapitel der Ordensregel des hl. Benedikt verweist er auf seine zentrale Aufgabe, nämlich dafür Sorge zu tragen, dass die Liebe Christi das Zusammenleben in der Gemeinschaft bestimmt.

Das Wappen verbindet darüber hinaus das Wahrzeichen der Abtei mit personenbezogenen Sinnbildern. Seit 1415 steht das rote Tatzenkreuz für den Schutzpatron von Kirche und Kloster, den hl. Georg. Drei Weizenähren verweisen auf die Herkunft Thomas M. Freiharts aus einer Landwirtsfamilie; gleichzeitig symbolisieren sie die hl. Eucharistie und spielen damit auf den Wahlspruch des Abtes an. Die blaue Farbe und der grüne Dreiberg sind dem Wappen seines Professklosters, der Abtei Plankstetten, entlehnt. Das Winkelmaß in der linken unteren Ecke des vierteiligen Schildes ist sowohl Attribut des hl. Joseph (Taufname) als auch des hl. Apostel Thomas (Ordensname), der Namenspatrone des Abtes.

Im neuen Felsenkeller der Brauerei hat das Wappen einen würdigen Platz gefunden. Darauf angestoßen haben (v.li.n.re): Braumeister Ludwig Mederer, Abt Thomas Freihart, Bierprinzessin Lisa I., Leonhard Resch, der technische Betriebsleiter der Brauerei, und Notker Wolf, bis 2016 als Abtprimas an der Spitze der Benediktinischen Konföderation.

Weltenburger Bierspezialitäten

Weltenburger Kloster Barock Dunkel

Eines der besten Dunkel-Biere der Welt: Aus dunklem Gerstenmalz und Karamellmalz gebraut, besticht dieses untergärige Bier durch eine leuchtende Bernsteinfarbe und einen kompakten Schaum. In der Nase viele Malzaromen, am Gaumen cremiger Geschmack, feinherb mit leichter Süße. Bereits dreimal mit dem Gold Award beim World Beer Cup ausgezeichne.
Stammwürze 12,5 %, Alkohol, 4,7 % vol.

Weltenburger Kloster Anno 1050

Ein goldgelbes Märzenbier, das im Namen das Gründungsdatum von Kloster Weltenburg trägt und sich als würdiger Vertreter der jahrhundertealten Brautradition erweist. Verschiedene Malz- und drei Hopfensorten verleihen ihm eine goldgelbe Farbe, ein fruchtiges Aroma und einen vollen Körper mit herben und süßen Anklängen. Stark zu reifem Käse, Braten und Wild. Mit der Goldmedaille beim European Beer Star Award prämiert.
Stammwürze 13,1 %, Alkohol 5,5 % vol.

Weltenburger Kloster Asam Bock

Benannt nach dem genialen barocken Baumeister Cosmas Damian Asam ist dieser dunkle Bock nicht minder genial: Duftet malzig-aromatisch, gepaart mit leichten Röstaromen und Kaffeenoten. Am Gaumen süße Malzaromen und unheimlich viel Kraft. Passt perfekt zu kräftigen Speisen, Blauschimmelkäse sowie Desserts aus Bitterschokolade. Räumt beim European Beer Star Award regelmäßig Gold und Silber ab.
Stammwürze 18,2 %, Alkohol 6,9 % vol.

Weltenburger Kloster Hefe-Weißbier Hell

Ein Durstlöscher wie aus dem Bilderbuch: Weizenmalz und helles Gerstenmalz sorgen im Bunde mit drei Hopfensorten für eine leicht hefetrübe, goldene Farbe und einen sehr fruchtigen Duft mit einer dezenten Bananennote. Spritzig und frisch, passt gut zu gebratenem Fisch und Kalbfleisch.
Stammwürze 12,7 %, Alkohol 5,4 % vol.

Weltenburger Kloster Kellerbier

Die Mischung aus hellem und dunklem Gerstenmalz verleiht diesem naturtrüben Bier eine bernsteinfarbene Note. Zart nach Hefe duftend, offenbart sich ein weicher, milder Geschmack, der mit einer leichten Hopfenbittere ausklingt. Unschlagbar als Begleiter zu würzigen Brotaufstrichen wie dem Obatzten.
Stammwürze 11,8 %, Alkohol 5,0 % vol.

Leonhard Resch (li.), der technische Betriebsleiter der Weltenburger Klosterbrauerei, und Braumeister Ludwig Mederer

WELTENBURGER KLOSTER

Die Vielfalt der Biere

Die wichtigsten Biertypen
im Überblick

Die Vielfalt der Biere

Perfekter Schaum, perfekte Farbe: So ein Bier verzückt jeden Genießer.

So vielfältig die Welt der Klosterbrauereien ist, so vielfältig sind auch die Sorten. Will man diese Vielfalt der Biere in ein System bringen, kann man sich auf unterschiedliche Art und Weise nähern. Eine klassische Unterteilung erfolgt nach dem Stammwürzegehalt, der den Gehalt an gelösten Inhaltsstoffen der Bierwürze vor der Gärung angibt; er darf nicht mit dem Alkoholgehalt verwechselt werden.

Die Biergattungen gliedern sich wie folgt:
Schankbiere wie die meisten Leichtbiere:
7 - 8 % Stammwürze
Vollbiere wie Helles, Pils, Weizen:
11 - 14 % Stammwürze
Starkbiere wie der Bock liegen
über 16 % Stammwürze

Und dann gibt es da noch die Frage: Obergärig oder untergärig?

Der Hauptunterschied zwischen obergärigem und untergärigem Bier liegt in der Herstellung. Während der Gärung wird der Bierwürze Hefe zugefügt. Entsprechend der beiden Sorten verwendet man hierfür entweder obergärige oder untergärige Hefe. Obergärige Hefe bildet bei der Vermehrung ganze Kolonien. Die Hefezellen bleiben verbunden und werden durch aufsteigende Kohlensäure nach oben an die Oberfläche gebracht, daher obergärig. Untergärige Heferassen bleiben nicht verbunden und sinken nach unten ab.

Obergärige Hefe, die zum Beispiel für Weißbier, Kölsch und Alt verwendet wird, verlangt eine Gärung bei warmen Temperaturen, wohingegen untergärige Hefe, die zum Beispiel für Pils verwendet wird, nur bei kühleren Temperaturen in Aktion tritt.
Die ganzjährige Herstellung von untergärigen Bieren kennt man erst seit der Erfindung der Kältemaschine, also seit 1876. Davor waren alle ganzjährig hergestellten Biere obergärig – untergärige Biere konnten nur in kalten Wintern hergestellt werden.

Die wichtigsten Biertypen im Überblick

Helles

Dieser untergärige Biertyp hat sich in den Nachkriegsjahren in Bayern zur wichtigen Biersorte entwickelt. In der Farbe und Aussehen ähnlich wie Pils, im Geschmack ist eine mittlere Vollmundigkeit anzutreffen, malzige Aromakomponenten können den Biertyp bestimmen. Die Bittere ist deutlich weniger ausgeprägt als beim Pils, wobei je nach Braurezeptur feine Hopfenaromen wahrnehmbar sind.
Die Stammwürze liegt bei 11 - 12 %,
der Alkoholgehalt zwischen 4,5 und 5 % vol

Pils

Gebraut wurde es erstmalig 1862 im tschechischen Pilsen vom bayerischen Braumeister Josef Groll. Es war damals das erste mit hellem Malz gebraute Bier, das stärker gehopft wurde. Das untergärige Pilsbier trat danach seinen Siegeszug in Deutschland an und hat heute einen Marktanteil von über 60 Prozent. Geschmack und Geruch weisen feine Hopfennoten auf, fruchtige oder malzige Aromakomponenten sind im Hintergrund. Der Körper ist schlank, man schmeckt neben den bitteren Hopfeneindrücken kaum eine Restsüße. Die strohgelben bis goldfarbenen Biere sind blank und haben einen dichten Schaum.
Die Stammwürze liegt bei 11 - 12 %,
der Alkoholgehalt bei 4 - 5 % vol

Die wichtigsten Biertypen im Überblick

Kellerbier (auch Zwicklbier)

Kellerbiere sind unfiltrierte, untergärige Biere. Je nach Region werden sie auch als Zwicklbiere bezeichnet. Es sind Biere, die direkt aus dem Lagerkeller, ohne Filtration, getrunken oder abgefüllt werden. Dementsprechend ist die Bandbreite äußerst vielfältig. Es gibt helles und dunkles Kellerbier oder ein stärker gehopftes Kellerpils. Gemeinsam ist den Bieren, dass durch die Hefe- und Eiweißstoffe eine hohe Vollmundigkeit gegeben ist.
In der Regel ist der Kohlensäuregehalt etwas niedriger.
Die Stammwürze liegt bei 11 - 13 %,
der Alkoholgehalt bei 4,5 - 5 % vol

Dunkles

Die untergärigen, dunklen Biere haben bis zum Ende des 19. Jahrhunderts den Biergeschmack in Deutschland dominiert. Aroma und Farbe werden durch die Verwendung dunkler Malze erzeugt, jedoch ist auch das Brauverfahren so ausgelegt, dass karamell-aromatische Komponenten stärker betont werden. Die Geruchs- und Geschmackseindrücke werden dominiert durch das Malzaroma, je nach Bier sind häufig auch sehr deutlich Schokoladen-, Röst- oder Broteindrücke wahrnehmbar. Die süßen Komponenten führen zu einem kräftigen Körper, es ist eine hohe Vollmundigkeit gegeben. Die Kohlensäure ist wenig wahrnehmbar, so dass die Biere sehr süffig wirken. Das Farbspektrum reicht von einem bernsteinfarbenen bis zu einem dunkelbraunen Farbton.
Die Stammwürze bei 11 - 13 %,
der Alkoholgehalt im Bereich 4 - 5,5 % vol

Weißbier

Vor dem 19. Jahrhundert waren die Biere typischerweise dunkel, sie hatten eine rötlich oder bräunliche Färbung. Das Weißbier war als helles Bier eine Spezialität, eine Ausnahme. Neben Gerstenmalz durfte nur für das Weißbier auch Weizenmalz verwendet werden, da man ansonsten den Weizen für Mehl und Brot reservieren wollte. Man nahm eine obergärige Hefe, die sich bei Gärungsende an der Oberfläche des Bottichs absetzt und dort eine weiße, dicke Hefeschicht bildet. Als Spezialität belegte das Weißbier lange eine Nischenrolle, im 19. Jahrhundert setzte sich die Weizenmalzverwendung aber überregional durch – heute ist ein Anteil von mindestens 50 Prozent Weizenmalz vorgeschrieben.
Durch die Verwendung der obergärigen Hefe mit ihren höheren Gärtemperaturen entsteht im Gegensatz zur untergärigen Hefe ein wesentlich breiteres Spektrum an Aromastoffen. Es sind dies vor allem fruchtige Geruchs- und Geschmackseindrücke, die je nach Typ an Bananen, Zitrusfrüchte oder auch an Apfel oder Nelken erinnern. Die Bittere ist stark zurückgenommen. Die unfiltrierten Hefe-Weißbiere sind durch ihren hohen Gehalt an Eiweiß- und Hefestoffen vollmundiger. Weiteres typisches Merkmal der Biere ist der vergleichsweise höhere Kohlensäuregehalt. Diese Kohlensäure erzeugt im Trunk eine Spritzigkeit, die hervorragend zu den eher fruchtigen Aromaeindrücken passt.
Die Stammwürze liegt bei 11 - 13 %,
der Alkoholgehalt bei 5 - 5,5 % vol

Weizenbock

Obergärige Weizenböcke - hell oder dunkel - betören mit fruchtig-frischen Aromen. Der Geschmack ist samtig und süß, voller Frucht- und Gewürznoten. Die dunkle Variante glänzt mit Röst- und Schokoladennoten und vollreifer Banane. Das feine, moussierende Prickeln, das von der traditionellen, ruhenden Flaschengärung kommt, erfreut den Gaumen.
Die Stammwürze liegt über 16 %,
der Alkoholgehalt bei 6 - 7,5 % vol

Die wichtigsten Biertypen im Überblick

Märzen

Vor Erfindung der Kühlmaschine konnte im Sommer die Würze nicht gekühlt und damit nicht gebraut werden. Auch die sommerliche Brandgefahr in den Städten sorgte dafür, dass das Brauen im Sommer in vielen Regionen verboten war. Doch die Brauer wussten sich zu helfen: Sie brauten die letzten Sude im März stärker ein und gaben etwas mehr Hopfen dazu. Damit waren die Biere haltbarer und konnten in den Felsenkellern über den Sommer hinweg gelagert und getrunken werden. Dies waren auch die Biere für die Volksfeste im frühen Herbst. Die untergärigen Märzenbiere sind im Farbspektrum zwischen dunklem Goldgelb bis hin zum Bersteinfarbenen. Es sind malzige und süße Aromen feststellbar, die Biere sind trotz einer kräftigen Vollmundigkeit im Geschmack nicht zu schwer und bleiben dadurch leicht zu trinken. Je nach Braurezeptur kann der Geschmackseindruck von einer kräftigen, aber durchaus harmonischen Bittere begleitet sein.

Die Stammwürze liegt um die 13 %,
der Alkoholgehalt bei 5,5 - 6 % vol

Export

Wollte man in früheren Zeiten Bier in ferne Regionen oder Länder transportieren, war dies eine langwierige Prozedur, die zudem ohne Kühlmöglichkeit der Bierqualität nicht immer zuträglich war. Also musste das untergärige Bier haltbarer gemacht werden, was man mit einem etwas höheren Alkoholgehalt und etwas mehr Hopfen erreichte – das war das Exportbier. Exportbiere sind strohfarbig bis hin zu einer Goldfärbung. Die mittlere Vollmundigkeit wird von leichten malzigen Komponenten bestimmt, wobei durchaus eine Bittere sowie Hopfengeschmack wahrnehmbar ist.

Die Stammwürze liegt bei 12 -13 %,
der Alkoholgehalt bei 5 - 6 % vol

Bock

Die Bock- oder Starkbiere haben eine bereits über Jahrhunderte dauernde Tradition. Bereits im 15. Jahrhundert wussten es die Edelleute zu schätzen und begannen insbesondere das Starkbier aus der Brauerei in Einbeck zu importieren. Daraus wurde in den Jahren über „Ainpökisches Bier", „Ainpöck", das „Bockbier". Auch die Klöster waren in der Starkbierherstellung schon immer sehr aktiv, denn die Mönche suchten in der Fastenzeit etwas Genussvolles, um trotz des Fastens Nahrhaftes zu sich nehmen zu können. Das war das Bockbier. Um hierfür die Freigabe vom Papst zu erhalten, soll er der Bierlegende nach, ein Probefass geschickt bekommen haben. Die Hitze Italiens führte aber bis Rom dazu, dass das Bier sauer ankam. Das Ergebnis: Der Papst probierte, ihm graute fürchterlich und er sah das Bockbiertrinken eher als Sühne denn als Genuss, worauf er die Erlaubnis für die Fastenzeit erteilte.
Bockbiere gibt es dunkel oder hell. Wenn auch die Geschmacksausprägungen je nach Typ (hell oder dunkel) sehr unterschiedlich sind, haben die untergärigen Bockbiere doch alle eine hohe Vollmundigkeit. Süße, teilweise weinige oder sherryähnliche Eindrücke begleiten malzige und karamellartige Aromakomponenten.

Der Geschmack eines Bockbieres verändert sich während der Lager- oder Reifezeit. Dies nutzen einige Brauereien und lagern ihre Bockbiere sehr lange, zum Teil in Holzfässern. Die Bittere in Bockbieren kann sehr ausgeprägt sein, denn die kräftigen Geschmackseindrücke vertragen als Gegenpart durchaus starke, aber gut abgestimmte Hopfenkomponenten.
Die Stammwürze bei Bockbieren liegt über 16 %, beim Doppelbock über 18 %, der Alkoholgehalt ist bei 6 - 7 % vol

Kloster-brauereien schreiben Biergeschichte

516 PFORTE

Konvent- und Pfortenbier

Zur Bayerischen Landesausstellung 2016 „Bier in Bayern", die im niederbayerischen Aldersbach stattfand, haben die bayerischen Klosterbrauereien ein Stück Biergeschichte geschrieben. Erstmals in der 500-jährigen Historie haben sie alle zusammengelegt, um zwei speziell für die Landesausstellung eingebraute Biere herzustellen: das Konvent- und das Pfortenbier.
Das Besondere dabei war, dass jede der beteiligten Klosterbrauereien aus Aldersbach, Baumburg, Ettal, Irsee, Kreuzberg, Mallersdorf, Reutberg, Scheyern, Ursberg, Weltenburg, Weihenstephan und Weissenohe jeweils 50 Hektoliter ihres Brauwassers zur Verfügung gestellt hat. Daraus wurden dann jeweils 300 Hektoliter Konvent- und Pfortenbier gebraut.

50 Hektoliter Wasser von zwölf Brauereien für zwei Biere

Der Aldersbacher Braumeister Peter Wagner hat monatelang in Archiven geforscht und schließlich Gewissheit erlangt, dass in den Klöstern jener Zeit in aller Regel zwei Biere gebraut wurden: ein kräftiges aus der

Das Wasser wird abgeholt: Bis 50 Hektoliter in den Tank gepumpt sind, dauert es seine Zeit, die man sich auf vielfältige Art und Weise vertreiben kann.

Vorderwürze (dem ersten Ablauf nach dem Maischen), das dem Konvent, also dem Abt und seinen Mitbrüdern vorbehalten war, und eines, das aus einem Nachguss mit Wasser auf die Trebern nach dem Ablauf der Vorderwürze gebraut und von den Bediensteten des Klosters sowie den Besuchern an der Pforte getrunken wurde. „Über Geschmack, Geruch und Farbe der Biere aus jener Zeit kann man nur spekulieren", sagt Wagner, „aber es steht fest, dass damals zwei unterschiedlich starke Biere gebraut wurden." Die Idee zu Konvent- und Pfortenbier war geboren – von Wagner und Monika Uhl. Und diese Idee stieß auf so große Begeisterung, dass die Blasmusikkapelle „Schabernack" sogar einen Klosterbier-Marsch dafür komponierte.

Jetzt wird eingemaischt: Aldersbach-Direktor Ferdinand Freiherr von Aretin (Mi.) und seine beiden Braumeister Lorenz Birnkammer (li.) und Peter Wagner.

Es ist geschafft: Konvent- und Pfortenbier werden erstmals verkostet. Ein Ereignis, das dem Bayerischen Fernsehen eine Live-Übertragung wert ist.

Konvent- und Pfortenbier

An der Entwicklung der beiden Biere maßgeblich beteiligt waren Prof. Dr. Ludwig Narziß, Doyen der deutschen Brauwissenschaft und ehemaliger Lehrstuhlinhaber an der TU München-Weihenstephan, Dr. Adrian Forster, langjähriger Leiter der Hopfenverarbeitungsbetriebe in Wolnzach, Dr. Herbert Graf, langjähriger Leiter der Ireks-Mälzereien in Kulmbach, und Andreas Gahr, Leiter der Forschungsbrauerei in St. Johann in der Hallertau.

Dieses hochrangige Expertenteam hat für die beiden Biere nichts dem Zufall überlassen. So fanden sie etwa heraus, dass die Braumeister vor 500 Jahren schon über jene Hopfensorten verfügten, von denen einige heute noch immer angebaut werden, auch wenn deren genetische Charakteristika sich im Laufe der Jahrhunderte durch Selektion verändert haben. Dazu zählen die vier alten deutschen Landsorten Hallertauer, Hersbrucker, Spalter und Tettnanger, die für das Pfortenbier verwendet wurden.

Beim Konventbier wurde schließlich eine außergewöhnlich aufwändige Hopfengabe mit den 15 wichtigsten deutschen Sorten betrieben: Neben den vier Landsorten zählten dazu auch noch Hopfensorten mit so klangvollen

„Des is scho a feiner Stoff": Sternekoch Alfons Schuhbeck zeigt sich vom Konventbier angetan, sehr zur Freude des Aldersbacher Braumeisters Lorenz Birnkammer.

Namen wie Perle, Saphir, Smaragd, Opal oder Herkules, Taurus und Polaris sowie Mandarina Bavaria und Hüll Melon.

Obergärig und alte Hopfensorten wie vor 500 Jahren

Ebenfalls eine Referenz ans Mittelalter war die Auswahl der Hefe: Pforten- und Konventbier sind beide obergärig wie die Biere vor 500 Jahren, die durch diese Brauart ein etwas fruchtigeres und aromatischeres Geschmacksprofil erhalten haben.

Von diesem einmaligen Projekt inspiriert: Die Blasmusikkapelle «Schabernack» komponierte den Klosterbier-Marsch.

Ihnen sind die beiden Biere zu verdanken: Dr. Herbert Graf, Dr. Adrian Forster, Prof. Dr. Ludwig Narziß, Andreas Gahr, Peter Wagner und Lorenz Birnkammer (v.li.).

Eine weitere Besonderheit bei diesen beiden Bieren ist die Tatsache, dass das Brauwasser der beteiligten Klosterbrauereien ohne jegliche Behandlung bezüglich des Härtegrades für den Sud verwendet wurde – nicht nur eine große Herausforderung an den Braumeister, sondern auch eine Reverenz an die Zeit um 1516.

Zurückversetzt ins Mittelalter

Denn damals hat man das Wasser so verwendet, wie es aus der Quelle kam. Dass das Konventbier eine rötlich schimmernde Farbe und eine leicht rauchige Note erhält und auch das rötlich schimmernde Pfortenbier eher einen dunklen Charakter aufweist, ist ebenfalls eine Reverenz an die Vergangenheit, schließlich wurde damals fast nur dunkles, aromatisches Malz verwendet.

Im Rahmen einer Liveübertragung des Bayerischen Fernsehens wurden die beiden Biere im März 2016 dann erstmals gemeinsam mit allen Vertretern der Klosterbrauereien sowie den führenden bayerischen Bierexperten verkostet. Sie alle zeigten sich begeistert von dem schlanken, spritzigen Pfortenbier mit seinem blumigen Noten und Anklängen von Ananas, Maracuja und Mango sowie dem kräftigen, kastanienroten Konventbier mit seinem vollen Körper, der von Aprikose-, Pfirsich- und Grapefruitnoten sowie feiner Hopfenbittere geprägt ist. Und das Beeindruckende daran: Beide Biere hatten einen so individuellen Geschmack, dass man sich tatsächlich ins Mittelalter zurückversetzt fühlen konnte.

Na, dann Prost: Peter Wagner und Dr. Rainhard Rieperdinger, der für das Haus der Bayerischen Geschichte die Landesausstellung in Aldersbach organisiert hat.

KONVENT & 1516 PFORTE

Sie haben mit dem Konvent- und dem Pfortenbier ein Stück Brauereigeschichte geschrieben: Dr. Herbert Graf, Ireks-Mälzereien, Kulmbach; Dr. Adrian Forster, Hopfenverwertungsgesellschaft, Wolnzach; Prof. Dr. Ludwig Narziß; Andreas Gahr, Hopfenveredelung, St. Johann; Peter Wagner, Ferdinand Freiherr von Aretin und Lorenz Birnkammer, Aldersbach; Monika Uhl, Penzberg; Gerhard Ilgenfritz, Private Brauereien Bayern e.V., München; Dr. Rainhard Rieperdinger, Haus der Bayerischen Geschichte, Augsburg;

Pater Lukas Wirth, Scheyern; Dr. Elmar Walter, Schabernack; Tobias Zollo, Weihenstephan und Schwester M. Doris, Mallersdorf (unten v. li.) sowie August März, Reutberg; Urban Winkler, Weißenohe; Bernd Schramm, Ursberg; Florian Huber, Ettal; Leonhard Resch, Weltenburg; Andreas Goblirsch, Baumburg und Ulrich Klebl, Kreuzberg (v. oben gg. d. Uhrzeigersinn).

Die Autoren

André Liebe ist als Zeitungsredakteur geographisch zwischen zwei Klosterbrauereien – Ettal und Reutberg – verortet. Daneben schreibt er seit vielen Jahren über lohnende Reiseziele und über Wein. Für dieses Buch aber ließ er den Korkenzieher daheim, steckte dafür das Junggesellenbesteck (wie man Flaschenöffner gerne nennt) ein und begab sich auf einen Streifzug quer durch Bayern. Seither sieht es bei ihm im Keller aus wie in einem Getränkemarkt, weil er sich nicht entscheiden kann, welches Bier aus welcher Klosterbrauerei am besten schmeckt.

Monika Uhl verschlug es während ihres Studiums in die Nähe der niederbayerischen Klosterbrauereien. Für dieses Buch wardas ein Glücksfall, weil sie deshalb über große Erfahrungen und viele Erlebnisse mit klösterlicher Braukunst verfügt. Sie war zusammen mit dem Aldersbacher Braumeister Peter Wagner auch die Ideengeberin für das Konvent- und das Pfortenbier, deren Entstehungsgeschichte in diesem Buch ausführlich dokumentiert wird. Dieses Projekt hat letztlich dazu geführt, eine Hommage an die wenigen, seit der Säkularisation noch verbliebenen bayerischen Klosterbrauereien zu verfassen.

Bildnachweis:
S. 6: Christoph Vohler; S. 9, 19, 21, 23: Brauerei Ettal; S. 10: Hubertus Hamm; S. 11: Grützner, Eduard Theodor Ritter von wikimedia.org; S. 12, 15, 20: Deutsche Brauerbund; S. 13: Artist Joseph Karl Stieler Foto: Cybershot800i, wikipedia.de (Pinakothek); S. 14: Hannes Burger: 350 Jahre Paulaner-Salvator-Thomasbräu AG. 1634 – 1984. Jubiläums-Festschrift. Paulaner-Salvator-Thomasbräu AG, München 1984, S. 34; S. 15: Deutsche Brauerbund; S. 16: Stich Michael Wening, aidenbach.de; S. 22: Brauerei Scheyern; S. 28: Hubert Glaser - Freising wird bairisch ISBN 3-7954-1506-3; 37. Sammelblatt des Historischen Vereins Freising; Original im BayHstA; S. 30, 37 (u.), 40, 41, 192 (o.), 199, 201 (u.), 202, 204, 205, U4 (Gläser): Toni Scholz; S. 33: Wolfgang Scheinert; S. 35: Gemeinde Aldersbach; S. 35 (u.), 42 (re. u.), 114, 118 (2), 119, 130, 131, 134: Monika Uhl; S. 36: Steffen Spitzner; S. 37 (o.): CTHOE, commons.wikimedia.org; S. 38: Klosterhof Aldersbach; S. 39: Rudolf Balasko, rudi1976 - Fotolia; S. 42 (li., o.): Alexander Schmid; S. 43: Josef Kerschhackl; S. 45, 61, 77, 109, 125, 141, 157, 173, 189, 207: Andreas Huber; S. 46, 50, 51, 57: luftaufnahmen-chiemgau.de; S. 49, 51 (o.), 52, 53, 54, 55, 56, 59: Andreas Falkinger; S. 58: fottoo - Fotolia; S. 62, 74: Olaf Herzog; 65, 66, 69 (u.), 71, 72, 73, 75: Brauerei Ettal; S. 67: Jrg Lantelme - Fotolia; S. 68, 69 (o.): magann - Fotolia; S. 70: rado1979 - Fotolia; S. 78: traveldia - Fotolia; S. 81, 83, 85: Monika Uhl; S. 82: Angela Huster; S. 84: Rolandst - Fotolia; S. 86, 87; 88 (u.); 89, 91: Brauerei Irsee; S. 88 (o.): Bayreuth2009; S. 0: JFL Photography - Fotolia; S. 94, 102, 103 (2), 104, 105 (2), 107, 108: Brauerei Kreuzberg; S. 97: bienenklaus - Fotolia; S. 98: Michaela Hanke; S. 100, 101: Bonnlander, wikipedia; S. 106 (li.): Avda; S. 106 (re.): weber11 - Fotolia; S. 110: Hans und Christa Ede - Fotolia; S. 113: retrosiegi - Fotolia; S. 115, 120, 122, 123, 123: Josef Gast; S. 116: Manfred Neubauer; S. 120: Monika Uhl; S. 121: fottoo - Fotolia; S. 126: Martin Hausner - fotolia; S. 129, 132, 133, 135, 136,137 (2), 139: Kloster Scheyern; S. 138: koi88 - Fotolia; S. 142, 147, 148, 149, 150, 151, 152 (2), 153: Brauerei Ursberg; S. 145: Hermetiker; S. 146: GFreihalter; S. 153: (re.): MariusKlemm; S. 154, 155 (2): Georg Drexel; S. 158: David Heßler; S. 161: Michaela Hanke; S. 163, 164, 165, 166, 168, 169, 170, 171: Brauerei Weißenohe; S. 166 (o.): Gemeinde Weißenohe; S. 166 (u.): Barbara Herbst; S. 167 (o.): Stefan Kretzschmar - Fotolia; S. 167 (u.): ArtMechanic; S. 174, 182, 183, 183, 184 (2), 185 (2), 187: Weltenburger Klosterbrauerei; S. 177, 178 (2): Andy Ilmberger - Fotolia; S. 180: Rolandst - Fotolia; S. 181 (o.): borisb17 - Fotolia; S. 181 (u.): Rburg87; S. 190: Harald Biebel - Fotolia; S. 193-197 (Gläser): stockphoto-graf - Fotolia; S. 192 (o.): Tani Scholz; S. 192-197 (Hopfen): Subbotina Anna - Fotolia; S. 200, 201 (u.), 203 (2): Michaela Hanke; S. 201 (o): Christian Podolski. Produktabb.: Brauereien.